NOUVELLE ÉDITION

BTS 1re année TERTIAIRES

DROIT

Le programme en 13 cas

Sous la direction de
Philippe IDELOVICI
IA-IPR Économie-gestion, Académie de Grenoble

Magali BRETON
Professeure de droit en BTS
Lycée général et technologique Gabriel-Fauré, Annecy

Véronique DELTOMBE
Professeure de droit en BTS
Lycée général et technologique Gabriel-Fauré, Annecy

Bruno FORAY
Professeur de droit en BTS
Lycée général et technologique Gabriel-Fauré, Annecy

DELAGRAVE

Présentation de l'ouvrage

L'OUVERTURE DE CHAPITRE

- Un rappel du thème situe le chapitre dans le programme.
- Le sens et la portée de l'étude du chapitre, les compétences attendues et les notions-clés.
- Une présentation de l'entreprise choisie et de l'intérêt qu'elle présente au regard du thème étudié.

LE CAS

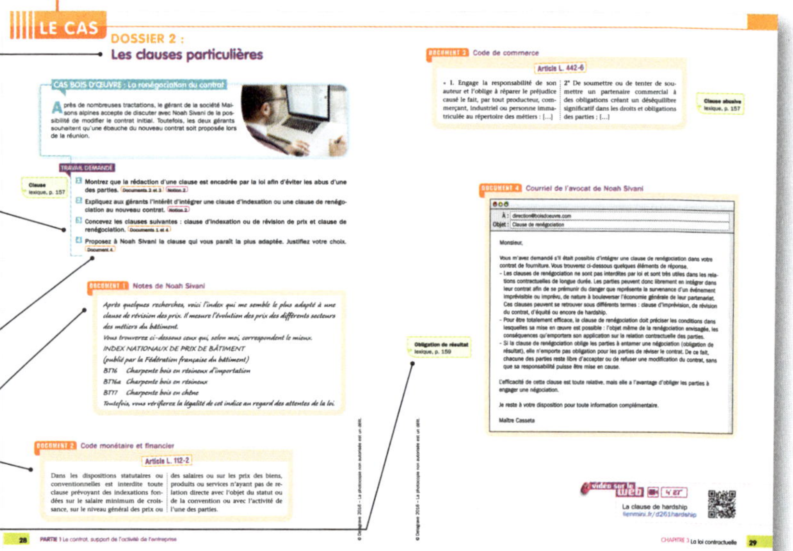

- Un découpage en dossiers afin d'en faciliter l'étude et enrichi de nouvelles informations au fil du chapitre.
- Des questions progressives pour guider l'étudiant et lui permettre d'observer, d'analyser et de conceptualiser.
- Les documents et notions utiles pour répondre sont précisés dans les quatre premiers chapitres.
- En appui, des documents courts et variés.
- Des renvois au lexique situé en fin d'ouvrage.

LES NOTIONS

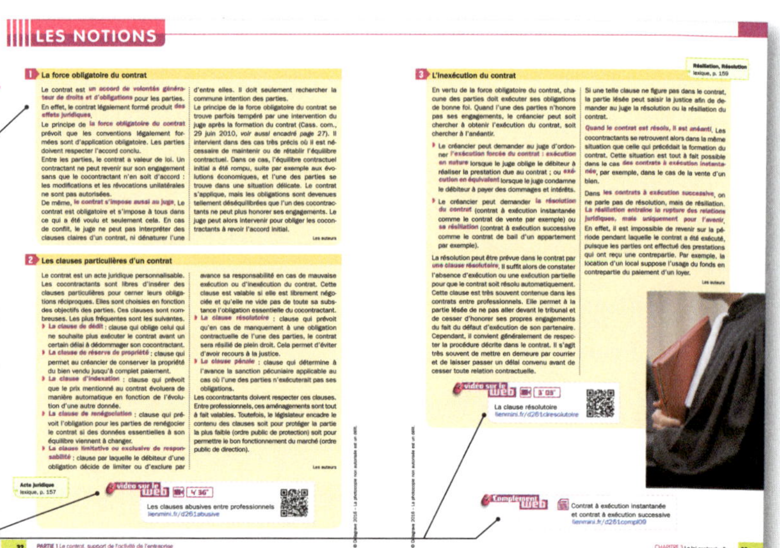

- Des ressources qui apportent les connaissances nécessaires à la réalisation du cas et à l'acquisition des savoirs.

NUMÉRIQUE INTÉGRÉ

- Des compléments ou vidéos sur Internet, accessibles par liens courts ou QR-codes, offrant des prolongements à l'étudiant.

NUMÉRIQUE INTÉGRÉ

- Un test, accessible sur tout terminal mobile, pour faire le point sur les connaissances.

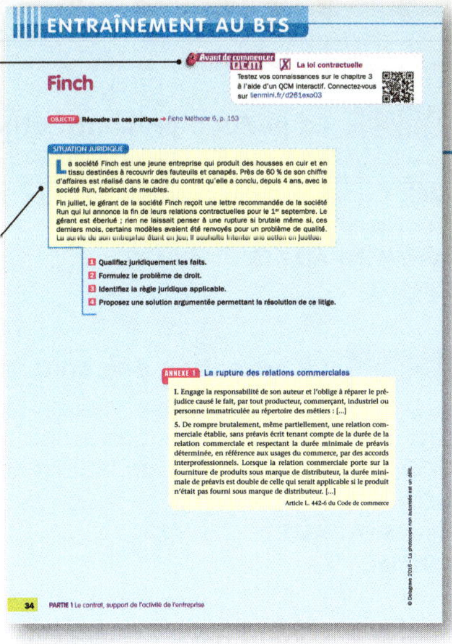

L'ENTRAÎNEMENT AU BTS

- Une courte situation juridique pour réinvestir les notions et mobiliser les compétences méthodologiques.

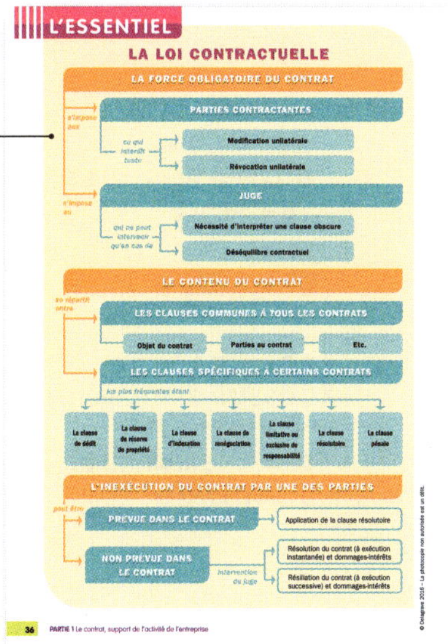

L'ESSENTIEL

- Un schéma récapitulatif pour synthétiser les notions à connaître.

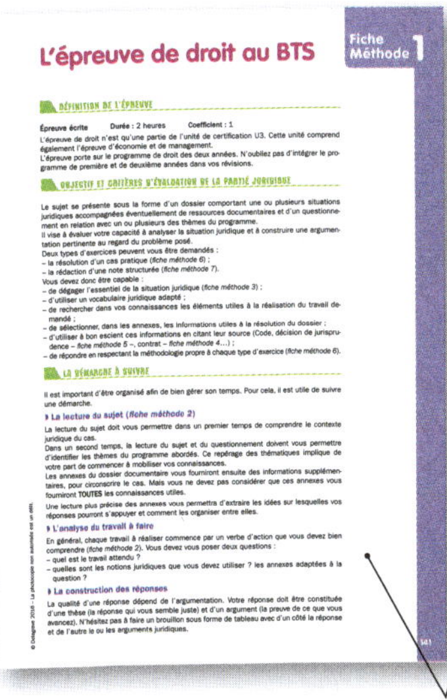

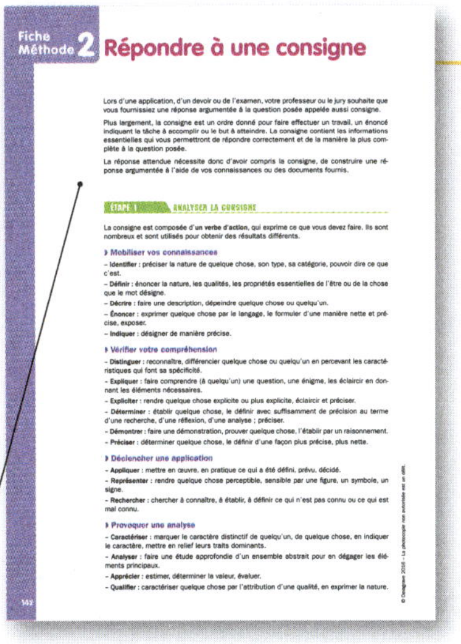

LA PRÉPARATION À L'EXAMEN

- Un lexique présentant près de 100 définitions.

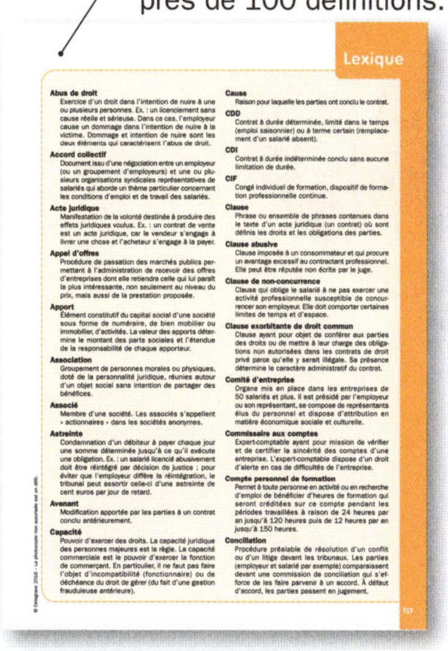

- 7 fiches Méthode donnant toutes les clés pour résoudre un cas pratique, rédiger une note structurée…

Éditions Delagrave – 5 allée de la 2e DB – 75015 Paris
www.editions-delagrave.fr
ISBN : 978-2-206-20261-7

SOMMAIRE

PARTIE 1
Le contrat, support de l'activité de l'entreprise

PARTIE 2
L'individu au travail

PARTIE 3
Les structures et les organisations

SOMMAIRE DES VIDÉOS

CHAPITRE 1

La période précontractuelle

Les contrats conclus entre professionnels le sont rarement en un seul moment. Les enjeux étant importants, la conclusion du contrat est souvent précédée d'une longue période de négociations ponctuées d'accords préparatoires dont il convient de qualifier la nature juridique.
Les relations contractuelles entre professionnels conduisent parfois à différencier la personne juridique qui s'engage et le signataire du contrat, ce que permet la technique de la représentation juridique.

L'étude du cas Michaud/Hornbach, dans lequel une entreprise est en pleine période de négociation d'un contrat de distribution, va nous permettre de préciser :

Dossier 1. Les particularités de la période précontractuelle

LES COMPÉTENCES

- Qualifier une situation précontractuelle ou contractuelle

LES NOTIONS

- Contrat
- Période précontractuelle
- Pourparlers
- Loyauté
- Rupture abusive
- Mandat et représentation
- Liberté de contracter

CAS MICHAUD/HORNBACH

Éric Grindon, jeune diplômé en commerce international, a travaillé pendant 5 ans pour la société Michaud SA (société anonyme) en tant qu'adjoint du directeur commercial. Depuis quelques mois, suite au départ en retraite de ce dernier, Éric a été promu directeur commercial.

Michaud SA est une PME qui produit des composants électriques destinés à la fois au grand public (supports de compteurs, accessoires de câblage, etc.) et à l'industrie (connecteurs de réseau aérien, raccords d'éclairage public, etc.). Un des objectifs fixés à Éric est de faire progresser la part de marché de l'entreprise en Allemagne en privilégiant les grandes surfaces de bricolage. Il doit rencontrer aujourd'hui à Munich M. Schmidt, le représentant du groupe allemand Hornbach.

M. Chaléard est le PDG de la société Michaud SA. Il vous demande, dans le cadre de votre stage, d'effectuer diverses recherches concernant la négociation en cours. Votre travail s'organisera autour des documents 1 à 3 **et des** notions 1 à 4.

DOSSIER 1 : Les particularités de la période précontractuelle

CAS MICHAUD/HORNBACH : Des négociations à la signature du contrat

Éric Grindon a déjà rencontré une fois M. Schmidt. Ce dernier est responsable des achats du rayon « Électricité » de la société Hornbach. Il représente 15 grandes surfaces de bricolage sur l'ensemble du territoire allemand.

Éric Grindon et M. Schmidt ont beaucoup échangé (par courriels et téléphone) sur les produits proposés par la société Michaud, ainsi que sur les objectifs attendus du distributeur allemand.

M. Chaléard, qui souhaite bénéficier de vos compétences juridiques, vous demande de procéder à quelques vérifications.

TRAVAIL DEMANDÉ

1 **Précisez si ce contexte de négociation peut être qualifié de situation contractuelle ou précontractuelle. Motivez votre réponse.** Cas

2 **Identifiez les éléments constitutifs des pourparlers.** Notion 1

3 **Repérez les informations en cohérence avec la définition des pourparlers.** Cas

4 **Déduisez des réponses 1 à 3 l'existence ou non de pourparlers entre Éric et M. Schmidt.**

Si aucun contrat n'est signé rapidement, M. Chaléard, qui trouve que la négociation s'éternise, envisage de demander à Éric de mettre fin aux échanges avec M. Schmidt.

5 **Repérez la règle applicable dans cette hypothèse.** Document 2 Notions 1 et 2

6 **Mettez en avant les conditions que devrait respecter M.Chaléard pour mettre fin aux échanges entre Éric et M. Schmidt.**

7 **Identifiez les conséquences d'une éventuelle rupture des pourparlers.** Documents 1 et 2 Notion 2

Finalement, vous apprenez qu'un contrat de distribution va être signé entre Michaud SA et la société Hornbach.

Contrat
→ lexique, p. 158

8 **Repérez les éléments permettant de penser qu'Éric sera signataire de ce contrat.** Documents 1 et 3

9 **Rappelez les conséquences juridiques de la signature d'un contrat par une personne physique ou morale.** Document 1

10 **Recherchez les éléments permettant de délimiter l'engagement pris par Éric.** Document 1 Notion 3

11 **Dégagez les principales conséquences juridiques pour lui d'une telle signature.** Notion 4

DOCUMENT 1 Code civil

Article 1134

Les conventions légalement formées tiennent lieu de loi à ceux qui les ont faites. [...] Elles doivent être exécutées de bonne foi.

Article 1382

Tout fait quelconque de l'homme, qui cause à autrui un dommage, oblige celui par la faute duquel il est arrivé à le réparer.

Article 1984

Le mandat ou procuration est un acte par lequel une personne donne à une autre le pouvoir de faire quelque chose pour le mandant et en son nom. Le contrat ne se forme que par l'acceptation du mandataire.

Mandat
→ lexique, p. 159

DOCUMENT 2 Les conséquences de la rupture des pourparlers

Attendu, selon l'arrêt attaqué (Bordeaux, 22 juin 2010), que Mme X et Mme Y, entrées en relation avec M. Z afin de lui proposer la vente de leur patrimoine immobilier, ont signé avec lui un acte sous seing privé[1] le 17 juillet 2008 qui prévoyait de régulariser [...] la signature des actes authentiques au plus tard le 30 novembre 2008 ; que Mme X et Mme Y ayant informé M. Z qu'elles renonçaient à la poursuite des négociations, celui-ci les a assignées, ainsi que leurs sociétés, pour qu'il soit jugé que l'acte du 17 juillet 2008 constituait un contrat de vente [...].
Attendu que M. Z fait [grief à l'arrêt de le débouter de ses demandes], alors, selon le moyen [...] qu'en se bornant à relever que la lettre adressée le 5 septembre 2008 par le notaire de M. Z au notaire de Mmes X et Y marquait « l'évolution contentieuse des négociations » pour affirmer qu'il n'était pas établi que la rupture des pourparlers ait été imputable aux défenderesses [...], la cour d'appel a privé sa décision de base légale au regard de l'article 1382 du Code civil ;
Mais attendu qu'ayant relevé, par motifs propres et adoptés, que les relations s'étaient tendues à l'occasion de l'envoi le 5 septembre 2008 par le notaire de M. Z d'un courrier qui s'achevait par une référence implicite à l'éventuelle exécution forcée de l'acte du 17 juillet 2008 et souverainement retenu qu'aucun élément ne permettait de considérer que la rupture des négociations était imputable à Mme X et Mme Y et qu'aucune faute ne pouvait leur être reprochée, la cour d'appel, qui a pu déduire de ces seuls motifs que la demande de M. Z de dommages-intérêts pour rupture abusive des pourparlers devait être rejetée, a légalement justifié sa décision ;

Cour de cassation, 3e Chambre civile, 22 octobre 2014 (extrait)

1. **Acte sous seing privé (ou acte sous signature privée)** : acte juridique rédigé et signé entre deux au plusieurs parties. Aucune condition de forme n'est requise. On oppose l'acte sous seing privé à l'acte authentique qui, lui, est rédigé par un officier public (huissier, notaire).

Faute
→ lexique, p. 158

DOCUMENT 3 Extrait du contrat de travail d'Éric Grindon

Art. 3 : Le poste de directeur commercial regroupe différentes missions dont les principales sont :
– Diriger l'équipe commerciale de l'entreprise en cohérence avec les objectifs stratégiques de l'entreprise.
– Collaborer avec le chef d'entreprise afin de procéder, dans le cadre de la direction du service commercial, à tout licenciement ou recrutement dans l'intérêt de l'entreprise. [...]
– Élaborer, signer et suivre tous les contrats nécessaires à la réalisation des objectifs fixés par la direction de l'entreprise toujours dans l'unique intérêt de celle-ci.[...].

Contrat de travail
→ lexique, p. 158

LES NOTIONS

1 Les différentes formes des pourparlers

Tout contrat commence par des pourparlers. Les parties se rapprochent et explorent les possibilités de conclure entre elles un contrat. **Le principe de liberté domine.**

Il n'en reste pas moins que le droit n'est pas absent de cette phase. Il contrôle cette liberté des parties et leur impose **une obligation de loyauté**. De ce fait, même si chaque partie peut en principe rompre à tout moment les pourparlers, la rupture ne doit pas se faire avec intention de nuire ou mauvaise foi, voire brutalement.

Les pourparlers peuvent prendre différentes formes.

- **La lettre d'intention** précise que les échanges ne se font que dans le cadre de pourparlers. On trouve souvent dans ce type de document des clauses de non-engagement.
- **L'accord de confidentialité** fait naître une obligation de confidentialité relative aux informations sensibles échangées. Un non-respect de cet accord donnera lieu à dommages-intérêts.
- **Le contrat de négociation** (ou accord de principe) impose aux signataires une obligation contractuelle de négocier dans l'optique du contrat final envisagé. Ce contrat pourra apporter des précisions sur les parties à la négociation, sur les objectifs, sur les coûts, sur les délais...
- **L'accord de préférence** ou d'exclusivité limite aux signataires les parties aux pourparlers.
- **Le contrat-cadre** contient des engagements généraux qui vont « encadrer » le contenu du futur contrat. Les prix en font souvent l'objet.
- **La promesse de contrat** consiste, pour une des parties, à s'engager à signer le contrat définitif, et ce à des conditions précises. Cette promesse n'attend que l'acceptation de l'autre partie pour devenir un contrat.

Les auteurs

Complément web

Les pourparlers
lienmini.fr/d261compl01

2 La rupture des pourparlers

Il convient de rappeler que **chaque partie peut rompre les négociations** (sauf dans le cas d'un contrat de pourparlers délimitant les conditions de rupture) si elle estime ne pas avoir intérêt à conclure le contrat projeté.

Elle risque néanmoins d'être condamnée à indemniser son partenaire du **préjudice subi** par lui si sa décision est **intempestive** ou **abusive**. [...]

Le plus souvent, l'abus est retenu lorsque la rupture est [par exemple] survenue après des pourparlers longs, complexes, extrêmement avancés et ayant occasionné d'importants frais justifiés par l'appel à des spécialistes aux fins d'établir un projet [...].

L'abus peut également résulter de la **mauvaise foi** de l'auteur de la rupture qui, sans motif réel et sérieux, a sciemment maintenu son partenaire dans la croyance d'une signature définitive de l'accord, l'intention de nuire n'étant alors nullement requise.

Inversement, la jurisprudence refuse de considérer comme abusive une rupture qui intervient alors que les pourparlers n'avaient pas atteint un stade suffisamment avancé. En pareille hypothèse, ce n'est pas la durée des pourparlers qui est retenue (cette dernière pouvant être également longue), mais l'absence d'accord des parties sur l'une des conditions essentielles du contrat tel que le prix.

www.chamaillard-avocats.com

Compléments web

Rupture abusive : que faire ?
lienmini.fr/d261compl02

Rupture non abusive
lienmini.fr/d261compl03

Préjudice
→ lexique, p. 159
Abus de droit
→ lexique, p. 157

3 La représentation

La représentation peut être : **légale** (un tuteur représentant un mineur), **conventionnelle** (mandat) ou **judiciaire** (autorisation accordée à un époux d'agir au nom de l'autre).

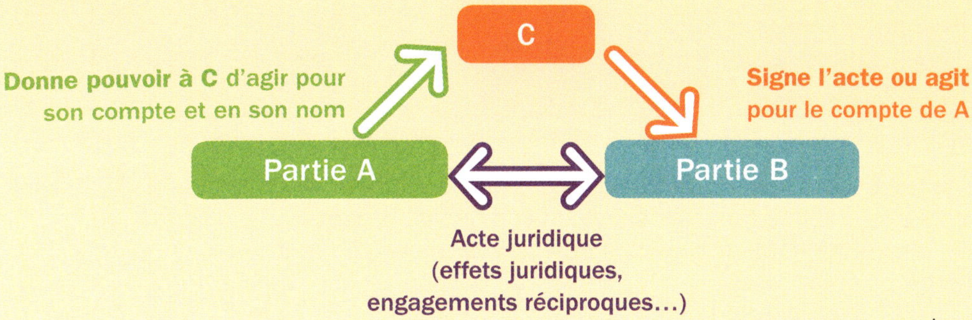

Les auteurs

4 Le contrat de mandat

L'article 1984 prévoit que « Le mandat ou procuration est un acte par lequel une personne donne à une autre le pouvoir de faire quelque chose pour le mandant et en son nom ». Cette définition est insatisfaisante en raison des termes « faire quelque chose », car cette notion est proche de celle de la définition du contrat d'entreprise.

« Le mandat est un contrat par lequel une personne, le mandant, donne à l'autre, le mandataire, le pouvoir de faire quelque chose pour son compte et son nom.

Contrat d'entreprise
→ lexique, p. 158

Le mandat ou procuration est régi par les articles 1984 à 2010 du Code civil.

Le mandataire est aussi appelé **fondé de pouvoir** dans le Code civil et le mandat est aussi appelé **procuration**.

L'essence du contrat de mandat est que le mandataire représente le mandant. Les actes que le mandataire effectue engage le mandant en le rendant débiteur de la personne qui a traité avec le mandataire, alors qu'au contraire le mandataire n'est tenu à quelque titre que ce soit. […]

Le Code civil envisageait le mandat essentiellement comme un acte bénévole et donc gratuit. Le mandat s'est depuis développé comme un mandat professionnel et commercial.

Le mandataire est tenu d'accomplir le mandat tant qu'il en demeure chargé, et répond des dommages-intérêts qui pourraient résulter de son inexécution.

Le mandat implique une forte relation de confiance qui implique une **obligation de loyauté** qui est double, une obligation de loyauté du mandataire et une obligation de loyauté du mandant.

La violation de cette confiance est sanctionnée par l'**abus de confiance**. »

www.lexinter.net

BioDesign

Avant de commencer QCM

La période précontractuelle

Testez vos connaissances sur le chapitre 1 à l'aide d'un QCM interactif. Connectez-vous sur lienmini.fr/d261exo01

OBJECTIF **Répondre à une consigne** → Fiche Méthode 2, p. 142

SITUATION JURIDIQUE

L'entreprise BioDesign propose à son catalogue des meubles modernes et luxueux. La dernière création est une table basse, type table de salon, composée de quatre boules en bois pour le piétement et d'un plateau en verre stylisé. Le service Achats est en pleine négociation concernant les boules en bois qui doivent être faites de bois exotique certifié « exploitation durable » pour correspondre à l'image de l'entreprise. La décision a été prise de s'approvisionner au Brésil. M. Sanchez représente la société Tec&co, exportateur de bois brésilien avec lequel l'entreprise Bio Design a l'habitude de travailler.

Les échantillons envoyés sont de qualité très médiocre et la certification ne comporte pas les garanties nécessaires. Les négociations durent depuis déjà 4 mois, les envois ont été nombreux, les échanges également, mais le résultat n'est toujours pas au rendez-vous. M. Herbelin, le PDG de BioDesign, souhaite profiter de votre stage dans l'entreprise pour vous faire travailler sur ce cas.

SARL
→ lexique, p. 159

1 **Vérifiez si l'entreprise BioDesign peut rompre les négociations sans risque juridique.**

2 **Vérifiez que le contrat liant M. Sanchez et la société Tec&co peut être considéré comme un contrat de mandat.**

ANNEXE 1 Extraits du contrat liant la société Tec&co et M. Sanchez

ARTICLE 1 – Représentation commerciale

La société confie par les présentes à l'Agent commercial qui accepte, en cette qualité, la représentation de ses produits, que l'Agent commercial déclare parfaitement connaître, sur l'ensemble du territoire métropolitain français, en vue de la négociation et la conclusion par l'Agent commercial de contrats de vente desdits produits au nom et pour le compte du mandant. [...]

ARTICLE 4 – Information de la société

L'Agent commercial s'engage, pendant toute la durée du présent contrat, à informer régulièrement la société de tout élément utile, dans le cadre de l'objet du présent contrat et dont il pourrait avoir connaissance lors de l'exécution de celui-ci, concernant notamment les produits, les besoins de la clientèle, l'état du marché et de la concurrence, les réclamations des clients ou des tiers [...]

ARTICLE 7 – Déclaration d'indépendance réciproque

Les parties déclarent et reconnaissent qu'elles sont et demeureront, pendant toute la durée du présent contrat, des partenaires commerciaux et professionnels indépendants, assurant chacune les risques de sa propre exploitation.

ARTICLE 8 – Comportement loyal et de bonne foi

Les parties s'engagent à toujours se comporter l'une envers l'autre comme des partenaires loyaux et de bonne foi et notamment à s'informer mutuellement de toute difficulté qu'elles pourraient rencontrer dans le cadre de l'exécution du présent contrat.

ANNEXE 2 La rupture des pourparlers

Les pourparlers sont des négociations informelles. Le principe reste la liberté de contracter ou de ne pas contracter, malgré l'existence de négociations. Ainsi n'existe-t-il aucune sanction à la rupture de pourparlers, sauf si cette rupture s'est faite abusivement, comme l'a rappelé un arrêt de la cour d'appel de Lyon du 14 janvier 2014.

Un chirurgien viscéral, sur le point de faire valoir ses droits à la retraite, trouve un successeur qu'il décide de présenter à la clinique dans laquelle il exerce. Ce successeur entre alors en négociation avec la clinique pour la conclusion d'un contrat d'exercice. Confiant dans l'avancement de ces pourparlers, ce praticien organise le déménagement de sa famille avant que la clinique ne décide de rompre les négociations, en arguant d'une opposition des autres chirurgiens de l'établissement à sa venue. Le successeur pressenti et déconfit décide alors d'assigner la clinique pour engager sa responsabilité du fait de la rupture de ces pourparlers.

Après plusieurs mois de procédure, la cour d'appel de Lyon, dans un arrêt du 14 janvier 2014, devait rappeler que toute personne engagée dans des pourparlers est libre de les rompre : l'auteur de la rupture, en l'occurrence la clinique, ne saurait engager sa responsabilité, sauf si certaines circonstances faisaient apparaître qu'elle a abusé de cette liberté, rendant la rupture ainsi fautive.

Les conditions d'une sanction sont la mauvaise foi, l'intention de nuire, la prolongation artificielle de pourparlers sans réelle intention de contracter ou encore laisser croire qu'il y aura conclusion d'un contrat. Selon la jurisprudence, plus les pourparlers sont avancés, plus on retient l'abus, car ils laissent entendre des négociations sérieuses.

www.personneldesante.fr

ANNEXE 3 Article 1984 du Code civil

Le mandat ou procuration est un acte par lequel une personne donne à une autre le pouvoir de faire quelque chose pour le mandant et en son nom.

Le contrat ne se forme que par l'acceptation du mandataire.

L'ESSENTIEL

LA PÉRIODE PRÉCONTRACTUELLE

LES POURPARLERS

commencent avec

LES PREMIERS CONTACTS

peuvent prendre différentes formes

- **Contrat de négociation (ou accord de principe) :** les deux parties s'engagent à négocier un contrat
- **Accord de préférence :** l'une des parties s'engage à conclure avec l'autre de manière préférentielle à tout tiers
- **Contrat-cadre :** il définit les principales règles auxquelles sont soumis les contrats à traiter dans le futur
- **Promesse de contrat :** elle crée une obligation de conclure un contrat déterminé à des conditions déterminées

s'achèvent à

LA SIGNATURE DU CONTRAT

ou à

LA RUPTURE DES NÉGOCIATIONS

- *en cas de précontrat* → **Devra être conforme aux possibilités du précontrat**
- *sans précontrat* → **Sera abusive si elle intervient de manière déloyale**

LA NÉGOCIATION ENTRE LES PARTIES

peut se faire

DIRECTEMENT ENTRE LES PARTIES

B s'engage envers A

Partie B

Partie A

A s'engage envers B

PAR REPRÉSENTATION

Partie A

A donne mandat à C d'agir auprès de B en son nom et pour son compte :
A sera engagé auprès de B.

C

Partie B

C agit (signe) au nom et pour le compte de A.
B sera engagé auprès de A.

CHAPITRE 2

La formation des contrats entre professionnels

Le contrat est un outil juridique indispensable dans la vie quotidienne et la vie des affaires. Le contrat est l'expression de la volonté des parties. Il organise et sécurise leurs relations.

Les contrats entre professionnels relèvent du droit général des contrats, mais présentent des spécificités. En particulier, la force du principe de l'autonomie de volonté s'amoindrit, d'autres principes fondateurs peuvent être sollicités : égalité, équilibre, loyauté, par exemple.

L'étude du cas Surgifrais, une entreprise qui conclut des contrats avec ses fournisseurs, va permettre d'aborder :

Dossier 1. Les conditions de validité des contrats entre professionnels

Dossier 2. Les principes fondateurs des contrats entre professionnels

LES COMPÉTENCES

- Qualifier une situation précontractuelle ou contractuelle
- Apprécier l'opportunité, la validité et les effets juridiques d'arrangements contractuels

LES NOTIONS

- Principe de l'autonomie de la volonté
- Inégalité entre cocontractants
- Conditions de validité des contrats
- Sécurité contractuelle
- Cause de l'obligation
- Nullité (absolue et relative)

CAS SURGIFRAIS

La société Surgifrais, dirigée par Claude Clusaz, est une entreprise de fabrication de plats cuisinés surgelés. Elle vend ses produits soit sous sa marque, soit sous des marques de distributeurs. Pour réaliser ses produits, elle achète les matières premières auprès de différents fournisseurs situés en France ou à l'étranger.

Aujourd'hui, elle est en affaires avec vingt-deux fournisseurs différents : trois pour la viande, onze pour les légumes et huit pour les autres ingrédients (épices, farine, etc.).

L'entreprise est amenée à conclure de nombreux contrats. Deux de ces contrats posent question sur leur validité.

Vous êtes stagiaire dans le service juridique et financier de la société Surgifrais. Votre maître de stage vous confie l'étude préalable des deux dossiers en question. Vous les traiterez à partir des documents **et des** notions 1 à 4**.**

LE CAS

DOSSIER 1 : Les conditions de validité des contrats entre professionnels

CAS SURGIFRAIS : La validité du contrat Surgifrais

La société Surgifrais achète sa viande de bœuf à l'entreprise Toubœuf. Elle utilise cette viande pour réaliser des plats cuisinés tels que les lasagnes, le hachis parmentier, etc. Claude Clusaz a mis en œuvre une politique qualité très exigeante : dans la charte qualité, l'entreprise s'engage, entre autres, à ne fabriquer ses plats cuisinés qu'à base de bœuf d'origine française de qualité supérieure et labellisé.

Le choix de ce fournisseur est le résultat de nombreuses rencontres et négociations lors desquelles le responsable de la société Toubœuf s'engageait à ne vendre à Surgifrais que de la viande de bœuf répondant aux critères attendus.

Le premier contrat est conclu le 25 avril et concerne 10 tonnes de minerai[1]. Quelques jours après la conclusion du contrat, Claude Clusaz apprend que toutes les viandes transformées par son fournisseur proviennent d'Europe centrale sans aucune certitude sur leur composition. Furieux, il estime avoir été trompé ; il souhaite faire annuler le contrat.

1. Minerai de bœuf : produit intermédiaire constitué de muscles et de graisses, issu de la découpe des carcasses et du désossage, qui est destiné à la transformation.

TRAVAIL DEMANDÉ

1. **Résumez le cas en ne gardant que les faits importants pour résoudre cette situation juridique.** Cas
2. **Retrouvez la condition de validité qui semble non respectée.** Document 1 | Notions 1 et 2
3. **Expliquez ce que Claude Clusaz peut reprocher à l'entreprise Toubœuf.** Documents 1 et 2 | Notion 2
4. **Retrouvez les règles juridiques qui peuvent s'appliquer pour défendre la position de Claude Clusaz.** Documents 1 et 2 | Notion 2
5. **Déterminez les conséquences de l'application de ces règles.** Documents 1 et 2 | Notion 2

Conditions de validité
→ lexique, p. 158

DOCUMENT 1 Code civil

Capacité, Cause, Consentement, Dol, Nullité
→ lexique, p. 157-159

Article 1108

Quatre conditions sont essentielles pour la validité d'une convention :
Le consentement de la partie qui s'oblige ; Sa capacité de contracter ; Un objet certain qui forme la matière de l'engagement ; Une cause licite dans l'obligation.

Article 1109

Il n'y a point de consentement valable si le consentement n'a été donné que par erreur ou s'il a été extorqué par violence ou surpris par dol.

Article 1116

Le dol est une cause de nullité de la convention lorsque les manœuvres pratiquées par l'une des parties sont telles, qu'il est évident que, sans ces manœuvres, l'autre partie n'aurait pas contracté. Il ne se présume pas et doit être prouvé.

Article 1117

La convention contractée par erreur, violence ou dol, n'est point nulle de plein droit ; elle donne seulement lieu à une action en nullité [...].

DOCUMENT 1 (SUITE) Code civil

Article 1304

Dans tous les cas où l'action en nullité [...] d'une convention n'est pas limitée à un moindre temps par une loi particulière, cette action dure cinq ans.

DOCUMENT 2 Le dol, vice du consentement

[...] Vu l'article 1116 du Code civil ;
Attendu, selon l'arrêt attaqué [...], que le 20 mai 2011, M. X a acheté un appartement à M. et Mme Y ; que soutenant avoir été victime de manœuvres dolosives[1] exercées par les filles des vendeurs qui, lors de ses visites, demandaient de façon volontaire et systématique au responsable du bar situé au-dessous de l'appartement de réduire le volume sonore de la musique, il a assigné M. et Mme Y et leurs filles [...], en annulation de la vente et paiement de dommages-intérêts ;
Attendu que pour rejeter les demandes de M. X, l'arrêt retient que celui-ci ne pouvait pas ignorer qu'il s'exposait à des risques de nuisances sonores provenant du bar situé au rez-de-chaussée de l'immeuble, qu'il lui avait été remis une copie du procès-verbal de l'assemblée générale du 8 décembre 2009 faisant état de troubles de jouissance subis par l'ensemble des copropriétaires et occupants de l'immeuble [...] ;
Qu'en statuant ainsi, alors qu'elle avait constaté que le procès-verbal d'assemblée générale visait une situation antérieure de 18 mois à la vente et que les consorts Y s'étaient efforcés par l'envoi de SMS au gérant du bar lui demandant de réduire au minimum l'intensité du son pendant les visites de M. X, de dissimuler à l'acquéreur le niveau des nuisances sonores provenant du bar dans l'appartement proposé à la vente, la cour d'appel, qui n'a pas recherché, ainsi qu'il le lui était demandé, si M. X aurait acquis l'appartement en l'absence de ces manœuvres, n'a pas donné de base légale à sa décision ;
PAR CES MOTIFS :
CASSE ET ANNULE, en toutes ses dispositions, l'arrêt rendu le 12 décembre 2013, entre les parties, par la cour d'appel de Paris [...]

Cour de cassation, Chambre civile, 7 avril 2015

1. **Manœuvre dolosive :** manœuvre d'un cocontractant dans le but de tromper son cocontractant et provoquer chez lui une erreur.

DOCUMENT 3 L'erreur

[...] Attendu que lors de la vente publique du 29 septembre 1993 dirigée par M. Cornette de Saint-Cyr, commissaire-priseur, M. Brossard a été déclaré adjudicataire d'un « tableau piège » intitulé *Mon petit déjeuner 1972*, présenté au catalogue comme étant l'œuvre de Daniel Spoerri; que faisant valoir qu'il ne s'agissait pas d'une œuvre exécutée par celui-ci, mais d'une « œuvre fabriquée sous licence » par un tiers, M. Brossard a demandé la nullité de la vente pour erreur sur la qualité substantielle;
Attendu que, pour débouter l'acheteur de sa demande, l'arrêt attaqué retient que Daniel Spoerri, ayant souhaité faire exécuter des « tableaux pièges » par des tiers, avait authentifié, parmi d'autres, le tableau litigieux de sorte que celui-ci constituait bien une œuvre originale de Daniel Spoerri, peu important que M. Cornette de Saint-Cyr n'ait pas précisé que l'œuvre avait été exécutée « en brevet », et qu'ainsi, M. Brossard ayant voulu acquérir une œuvre de cet artiste et ayant effectivement acquis un tableau de celui-ci ne démontrait pas que son consentement avait été vicié;
Attendu qu'en statuant comme elle l'a fait, sans rechercher si, compte tenu des mentions du catalogue, le consentement de l'acheteur n'avait pas été vicié par une conviction erronée et excusable que l'œuvre avait été exécutée par Daniel Spoerri lui-même, la cour d'appel n'a pas donné de base légale à sa décision;
Par ces motifs [...] CASSE ET ANNULE [...] l'arrêt rendu [...]

Cour de cassation, 1re Chambre civile, 5 février 2002

DOSSIER 2 : Les principes fondateurs des contrats entre professionnels

CAS SURGIFRAIS : La fixation du prix

Suite aux problèmes rencontrés avec l'entreprise Toubœuf, Claude Clusaz a décidé de rompre les relations commerciales. Après de nombreuses recherches, il a trouvé un nouveau fournisseur, la société Chabal, l'entreprise la plus importante sur ce marché. Elle détient 80 % des parts de marché. Les deux chefs d'entreprise ont décidé de conclure un accord-cadre, contrat duquel découleront les contrats d'application futurs.

Cette convention initiale prévoit les relations commerciales des parties, mais précise que la détermination du prix des produits sera fixée à chaque commande en fonction du tarif du catalogue fournisseur, cette méthode de fixation du prix permettant de suivre les évolutions du cours du marché de la viande bovine. Toutefois, l'accord-cadre prévoit un prix plancher au kilo. Bien que Claude Clusaz ne soit pas favorable à cette clause, le gérant de la société Chabal n'accepte de conclure le contrat qu'à cette condition.

Peu à peu, Claude Clusaz se rend compte que le prix auquel il achète le minerai est souvent déconnecté du cours du marché, le prix du marché étant parfois plus bas que le prix plancher fixé dans l'accord-cadre. Bien que ces produits restent concurrentiels au niveau tarifaire, il se demande s'il peut revenir sur la méthode de fixation des prix prévue dans l'accord.

TRAVAIL DEMANDÉ

1. **Qualifiez les différents contrats existant entre les parties.** Cas
2. **Appréciez la validité de la méthode de fixation du prix entre la société Chabal et l'entreprise Surgifrais.** Documents 1, 2 et 3 Notions 3, 4 et 5
3. **Identifiez le problème auquel est confronté Claude Clusaz.** Cas
4. **Retrouvez la règle juridique applicable au cas de Claude Clusaz.** Documents 1, 2 et 3 Notions 3 et 4
5. **Conseillez Claude Clusaz.**

DOCUMENT 1 Code civil

Article 1102-6

Le contrat-cadre est un accord de base par lequel les parties conviennent de négocier, nouer ou entretenir des relations contractuelles dont elles déterminent les caractéristiques essentielles.
Des conventions d'application en précisent les modalités d'exécution, notamment la date et le volume des prestations, ainsi que, le cas échéant, le prix de celles-ci.

Article 1134

Les conventions légalement formées tiennent lieu de loi à ceux qui les ont faites.
Elles ne peuvent être révoquées que de leur consentement mutuel, ou pour les causes que la loi autorise.
Elles doivent être exécutées de bonne foi.

DOCUMENT 1 (SUITE) Code civil

Article 1135

Les conventions obligent non seulement à ce qui y est exprimé, mais encore à toutes les suites que l'équité, l'usage ou la loi donnent à l'obligation d'après sa nature.

Article 1591

Le prix de la vente doit être déterminé et désigné par les parties.

Équité
→ lexique, p. 158

DOCUMENT 2 La détermination du prix

Vu les articles 1709 et 1710, ensemble les articles 1134 et 1135 du Code civil ;
Attendu que lorsqu'une convention prévoit la conclusion de contrats ultérieurs, l'indétermination du prix de ces contrats dans la convention initiale n'affecte pas, sauf dispositions légales particulières, la validité de celle-ci, l'abus dans la fixation du prix ne donnant lieu qu'à résiliation ou indemnisation ; [...]

Arrêt de la Cour de cassation,
1er décembre 1995 (extrait)

DOCUMENT 3 Note de l'avocat de Claude Clusaz

Monsieur,

Voici, en quelques lignes, la réponse à la question que vous m'avez posée concernant la fixation du prix dans les contrats.

- *Les cocontractants peuvent fixer le prix lors de la conclusion du contrat ou, s'ils préfèrent, préciser dans le contrat que le prix sera fixé ultérieurement en fonction du tarif du fournisseur ou prix catalogue ou tout autre élément objectif. Ce prix s'imposera alors aux parties, ainsi qu'au juge. Le prix, ayant été déterminé par les parties, le juge ne pourra pas le modifier. Il pourra toutefois inviter les parties à renégocier si l'évolution des conditions économiques met une des parties dans une situation économique difficile. Depuis 2004, le refus de renégocier le contrat par la partie en position économique favorable peut faire l'objet d'une condamnation à des dommages-intérêts pour non-respect de la bonne foi contractuelle.*
- *Le juge peut contrôler l'équilibre contractuel et vérifier ainsi que la fixation du prix par l'une des parties n'est pas abusive. L'abus dans la fixation du prix ne consiste pas à fixer un prix excessif, mais plutôt un prix qui mettrait en péril l'activité du cocontractant. Si le juge considère qu'il y a abus dans la fixation du prix, il peut résilier le contrat ou octroyer des dommages-intérêts à la partie lésée.*

Je reste à votre disposition pour toute information complémentaire.

Maître Deschamps

1 Le contrat

Le contrat est **un accord de volontés produisant des effets de droit** pour les parties qui le concluent. C'est **l'outil juridique indispensable** aux échanges entre personnes juridiques. Sa validité est soumise à de nombreuses règles juridiques issues du Code civil (règles applicables à tous les contrats), du Code de commerce (règles applicables aux contrats commerciaux) et de la jurisprudence.

Les auteurs

2 Les conditions de validité des contrats

Les contrats doivent respecter quatre conditions pour être valablement formés [...].
[...] Si l'une de ces conditions n'est pas remplie, **la sanction est la nullité du contrat**.

- **Le consentement des parties** qui s'engagent est nécessaire à la validité des contrats [...]. Il doit **exister** lors de la conclusion du contrat, mais aussi être **libre** et **éclairé**. Le consentement est libre lorsqu'il n'est pas obtenu par violence. Le consentement est éclairé lorsqu'il n'est obtenu ni par erreur [...] ni par dol, c'est-à-dire tromperie. La violence, l'erreur et le dol sont **des vices du consentement**. Lorsqu'il est obtenu par violence, erreur ou dol, le consentement est vicié et donc le contrat encourt la nullité.
  – **La violence** consiste en l'emploi de menaces à l'égard d'un individu dans le but de l'intimider et l'inciter à donner son consentement à un acte. Elle peut être physique ou morale.
  – **L'erreur** est le fait de se méprendre sur la réalité. Il existe différents types d'erreurs : l'erreur sur **la nature du contrat**, l'erreur sur **l'identité de la chose**, l'erreur sur **la substance**, c'est-à-dire la matière dont la chose est faite, l'erreur sur **la personne** avec laquelle un individu contracte et l'erreur sur **la cause de l'engagement du contractant**.
  – **Le dol** désigne toute manœuvre frauduleuse employée pour tromper le contractant et ainsi le déterminer à consentir un acte. Le fait de garder le silence sur un élément essentiel du contrat pour celui qui s'engage est considéré comme une manœuvre frauduleuse, plus précisément une réticence dolosive.

- **La capacité** : pour qu'un contrat soit valablement formé, les parties qui donnent leur consentement doivent être dotées de la capacité de contracter [...]. [...] L'incapacité peut frapper autant les mineurs que les majeurs.

- **L'objet du contrat** fait référence à la chose due en exécution du contrat, ainsi qu'à la prestation due par les parties lors de la conclusion du contrat. Cette prestation consiste soit en une obligation de faire, soit en une obligation de ne pas faire ou soit en une obligation de donner quelque chose. Ces obligations constituent **l'objet de l'obligation des parties**. [...]
  L'objet de l'obligation doit exister lors de la conclusion du contrat. Il doit être déterminé précisément ou déterminable à partir d'éléments contenus dans le contrat. Il doit être licite, sachant que seuls les objets qui sont dans le commerce juridique constituent des objets licites. Enfin, tout contrat doit comporter un objet moral, c'est-à-dire conforme à l'ordre public et aux bonnes mœurs [...].

- **La cause** correspond aux motifs qui ont déterminé les parties à s'engager. Elle détermine pourquoi les parties ont contracté. [...] Comme l'objet, la cause doit être licite et morale [...].

www.cabinetaci.com

3 Le prix dans les contrats entre professionnels

La Cour de cassation, par quatre arrêts en date du 1er décembre 1995, vient de modifier sa jurisprudence dans le domaine de la détermination du prix dans les contrats à exécution échelonnée. [...] la Cour détermine les nouveaux principes en matière de fixation du prix.

- Un prix indéterminé dans un contrat à exécution successive n'entraîne plus l'annulation de celui-ci [...].
- Ce n'est que dans le cas où la partie « dominante » dans la relation contractuelle a fixé un prix **de manière abusive** que les tribunaux prononceront une sanction. En outre, dans cette hypothèse, les tribunaux ne prononceront non pas l'annulation du contrat, mais **une résiliation** dont les effets ne s'appliqueront que pour l'avenir. De plus, la partie ayant fixé un prix abusif pourra voir sa responsabilité engagée et être condamnée à verser **des dommages et intérêts**. Une plus grande sécurité contractuelle est assurée dans la mesure où les contrats ne pourront plus être invalidés au motif que le prix est indéterminé.

L'Usine Nouvelle n° 2539, 7 mars 1996, www.usinenouvelle.com

4 Le principe de l'autonomie de volonté

La théorie de l'autonomie de la volonté se trouve à la base du droit des contrats. Elle signifie que **seule la volonté des contractants crée le contrat** et les obligations qui sont attachées au contrat. L'autonomie de la volonté a deux conséquences essentielles.

- **La liberté contractuelle** : les parties sont libres de conclure ou non le contrat et sont libres d'en définir le contenu sous réserve du respect de l'ordre public (article 6 du Code civil) et des lois dites « impératives » qui s'imposent directement aux contractants.
- **La force obligatoire du contrat** : le contrat est la loi des parties. Il s'impose donc aux parties et au juge. Il n'est possible de le modifier ou d'y mettre fin qu'avec l'accord des parties contractantes.

On constate toutefois une atténuation de ce principe avec l'intervention du législateur.

Les auteurs

5 Les évolutions du principe de l'autonomie de la volonté

L'autonomie de la volonté et le principe de la liberté contractuelle qui en découle supposent une égalité entre les parties. Or, l'observation du monde économique montre que cette égalité n'existe pas. Certaines entreprises ont une position dominante sur le marché qui leur permet d'imposer leurs conditions. Le législateur a édicté des règles qui, complétées par les décisions de la jurisprudence, ont essentiellement pour objectif d'instaurer une « morale contractuelle ».

Cette morale tend à favoriser :

– **la loyauté des parties** dans leurs relations précontractuelles et contractuelles. La loi NRE, en modifiant l'article L. 442-6 du Code de commerce, a renforcé ce principe en instaurant certaines prohibitions visant à renforcer la loyauté entre les partenaires commerciaux ;
– **un devoir de collaboration** et de coopération ;
– **la recherche d'un équilibre** contractuel entre les parties.

Les auteurs

Compléments web

Nullité relative et nullité absolue
lienmini.fr/d261compl04

La notion de préjudice
lienmini.fr/d261compl05

La notion de bonne foi
lienmini.fr/d261compl06

Avant de commencer QCM

La formation des contrats entre professionnels

Testez vos connaissances sur le chapitre 2 à l'aide d'un QCM interactif. Connectez-vous sur lienmini.fr/d261exo02

Roulex

OBJECTIF **Réaliser une qualification juridique** → Fiche Méthode 3, p. 148

SITUATION JURIDIQUE

Mme Grenier, responsable des achats chez Roulex, une entreprise de production de roulements pour les secteurs aéronautique et automobile, a décidé, en accord avec la direction, de changer le parc informatique à la limite de l'obsolescence.

Dans ce cadre, elle a conclu avec Mme Franck, fournisseur professionnel de matériel informatique, un contrat prévoyant l'achat de 130 postes informatiques livrables en quatre fois (30 en septembre, 30 en octobre, 30 en novembre et 40 en décembre).

Le 3 septembre, les 30 premières machines sont livrées et installées.

Dès le lendemain matin, de nombreux collaborateurs se plaignent de ne pas pouvoir utiliser les logiciels habituels, et donc ne pouvoir répondre aux divers besoins de l'entreprise et de ses clients.

Suite à une étude, un expert informatique explique que matériel et logiciels sont incompatibles.

Mme Grenier souhaite mettre fin au contrat et obtenir réparation pour les dommages subis (retards dans la comptabilité, mécontentements des clients, etc.).

1. **Résumez le cas en ne gardant que les faits importants pour résoudre cette situation juridique.**
2. **En utilisant les informations collectées à la question 1, qualifiez juridiquement les faits.**
3. **Retrouvez les règles juridiques sur lesquelles peut s'appuyer Mme Grenier pour défendre sa position.**
4. **Présentez votre conclusion.**

ANNEXE 1 Les obligations d'information et de conseil

L'obligation d'information est une obligation juridique selon laquelle tout professionnel vendeur de biens ou prestataire de services doit, avant la conclusion d'un contrat, informer l'acheteur sur les caractéristiques essentielles du bien ou du service.

L'obligation de conseil se distingue de l'obligation d'information.

En effet, l'obligation de conseil nécessite, de la part du professionnel, de se renseigner sur les besoins de l'acheteur afin de lui préconiser le produit, la solution la mieux adaptée en fonction des informations collectées.

Les auteurs

ANNEXE 2 L'obligation de conseil entre professionnels

Attendu, selon l'arrêt attaqué (Paris, 10 mai 2012), que la société Peyrot, spécialisée dans les travaux forestiers et de débardage, a commandé le 21 février 2001 à la société Bergerat Monnoyeur une chargeuse forestière équipée d'une tête d'abattage Caterpillar ; [...] que la société Peyrot ayant été mise en redressement puis en liquidation judiciaires, la société Laurent Y (le liquidateur) a été désignée liquidateur ; qu'invoquant des dysfonctionnements multiples de la machine, le liquidateur a assigné la société Bergerat Monnoyeur en paiement de dommages-intérêts pour manquement à ses obligations d'information et de conseil ;

Attendu que le liquidateur fait grief à l'arrêt d'avoir rejeté l'ensemble de ses demandes à l'encontre de la société Bergerat Monnoyeur, alors, selon le moyen :

1. qu'il appartient au vendeur de se renseigner sur les besoins de l'acheteur et de l'informer de l'aptitude du matériel proposé à l'utilisation qui en est prévue ; qu'en l'espèce, la cour d'appel a expressément constaté que la société Bergerat Monnoyeur a vendu à la société Peyrot une machine qui n'était pas adaptée à l'usage auquel elle était destinée ; qu'en écartant toute responsabilité du vendeur sans constater qu'il avait satisfait à son obligation de se renseigner sur les besoins de l'acheteur et de l'informer de l'aptitude du matériel proposé à l'utilisation qui en était prévue, la cour d'appel a violé les articles 1147 et 1602 du Code civil ;

2. qu'il revient au vendeur, en sa qualité de professionnel, de se renseigner sur les besoins de l'acheteur afin de lui proposer un matériel conforme à l'utilisation qu'il prévoit ; qu'en retenant, pour écarter toute responsabilité de la société Bergerat Monnoyeur, que la société Peyrot n'avait pas soumis son acquisition à des exigences particulières ou à un cahier des charges, la cour d'appel a dispensé le vendeur de son obligation de conseil et violé les articles 1147 et 1602 du Code civil ;

3. que le vendeur n'est dispensé de son obligation d'information à l'égard d'un acheteur professionnel que dans la mesure où la compétence de cet acheteur lui donne les moyens d'apprécier la portée exacte des caractéristiques techniques des biens vendus ; [...] qu'en se référant à la qualité de « spécialiste dans l'exploitation des pins maritimes » de la société Peyrot, pour en déduire que la société Bergerat Monnoyeur n'était tenue d'aucune obligation d'information à son égard, sans rechercher si la compétence de la société Peyrot lui donnait les moyens d'apprécier la portée exacte des caractéristiques techniques du bien vendu, la cour d'appel a privé son arrêt de base légale au regard des articles 1147 et 1602 du Code civil ; [...]

Mais attendu que l'obligation d'information et de conseil du vendeur à l'égard de son client sur l'adaptation du matériel vendu à l'usage auquel il est destiné n'existe à l'égard de l'acheteur professionnel que dans la mesure où sa compétence ne lui donne pas les moyens d'apprécier la portée exacte des caractéristiques techniques du dispositif en cause ; qu'après avoir souverainement apprécié les compétences de la société Peyrot, spécialisée dans l'exploitation des pins maritimes et en connaissant les contraintes, l'arrêt retient, par motifs adoptés, que cette société n'a remis à la société Bergerat Monnoyeur aucun appel d'offres ou cahier des charges expliquant les spécificités techniques de ses besoins, ni même aucun document concernant la destination finale de l'appareil commandé ; qu'en l'état de ces constatations et appréciations, la cour d'appel a [...] légalement justifié sa décision ; que le moyen n'est pas fondé ;

PAR CES MOTIFS :
REJETTE le pourvoi ;

Cour de cassation, Chambre commerciale, 14 janvier 2014

ANNEXE 3 Les articles du Code civil

Article 1147

Le débiteur est condamné, s'il y a lieu, au paiement de dommages et intérêts, soit à raison de l'inexécution de l'obligation, soit à raison du retard dans l'exécution, toutes les fois qu'il ne justifie pas que l'inexécution provient d'une cause étrangère qui ne peut lui être imputée, encore qu'il n'y ait aucune mauvaise foi de sa part.

Article 1602

Le vendeur est tenu d'expliquer clairement ce à quoi il s'oblige. Tout pacte obscur ou ambigu s'interprète contre le vendeur.

LA FORMATION DES CONTRATS ENTRE PROFESSIONNELS

LE CONTRAT ENTRE PROFESSIONNELS

est

UN OUTIL JURIDIQUE VALABLE À QUATRE CONDITIONS

- Le consentement libre et éclairé, c'est-à-dire non vicié
- La capacité de contracter
- Un objet existant, déterminé ou déterminable
- Une cause légale et conforme aux bonnes mœurs

avec

UNE SPÉCIFICITÉ CONCERNANT LA FIXATION DU PRIX

- Liberté de fixation du prix
- Prix déterminé ou déterminable
- Mode de fixation du prix inclus dans le contrat-cadre
- Abus de fixation du prix sanctionné par la résiliation du contrat ou des dommages-intérêts

avec

DES PRINCIPES FONDATEURS QUI ÉVOLUENT

ils reposent sur

L'autonomie de volonté *ce qui sous-tend*

- La liberté de contracter ou de ne pas contracter
- La liberté de choisir son cocontractant
- La liberté de choisir les clauses du contrat

Un principe qui évolue — *on attend maintenant*

- La loyauté des parties dans leurs relations
- Le devoir de collaboration
- La recherche d'un équilibre contractuel

CHAPITRE 3

La loi contractuelle

La multiplication des échanges conduit à standardiser les clauses des contrats, mais laisse aux parties une marge de créativité contractuelle. Le législateur et le juge sont amenés à intervenir de plus en plus fréquemment pour encadrer cette créativité.

L'aménagement du contrat en matière d'exécution et d'évolution permet de garantir la pérennité de la relation dans le cadre des objectifs de l'entreprise. Dans certains cas, la rupture de la relation peut s'imposer.

L'étude du cas Bois d'œuvre va permettre d'aborder :

Dossier 1. L'exécution du contrat

Dossier 2. Les clauses particulières

Dossier 3. Les conséquences de l'inexécution du contrat

LES COMPÉTENCES

- Qualifier une situation précontractuelle ou contractuelle
- Apprécier l'opportunité, la validité et les effets juridiques d'arrangements contractuels
- Rédiger et/ou adapter tout ou partie d'un contrat

LES NOTIONS

- Contrat
- Clause d'un contrat
- Inégalité entre cocontractants
- Principe de la force obligatoire du contrat
- Résolution
- Résiliation

CAS BOIS D'ŒUVRE

La SARL Bois d'œuvre est une entreprise créée par Noah Sivani fin 2006, dont la spécialité est la conception et la fabrication de charpentes en bois de résineux français. Située en Haute-Savoie, elle emploie 49 collaborateurs qui réalisent, sur la région Sud-Est principalement, tous types de charpentes en bois (fermette, etc.). Conçues par DAO (dessin assisté par ordinateur) et calculées par le bureau d'études interne, fabriquées dans des ateliers en Savoie et Haute-Savoie de plus de 2 000 m^2 avec des installations très récentes (machine de taille numérique K2i, machine d'assemblage de panneaux à ossature bois, presse à positionnement laser), les charpentes sont certifiées par un organisme indépendant et réputées pour leur grande qualité.

Plusieurs problèmes juridiques se posent à l'entreprise et Noah Sivani, en tant qu'ami de votre famille, vous contacte afin de faire une première analyse des dossiers Bois d'œuvre. Vous les traiterez à partir des documents et des notions 1 à 3.

LE CAS

DOSSIER 1 : L'exécution du contrat

CAS BOIS D'ŒUVRE : Un contrat peu rentable

En 2009, Noah Sivani a conclu un contrat de fourniture avec le constructeur Maisons alpines. Ce contrat est une véritable aubaine, car il assure à l'entreprise des revenus réguliers. Il stipule que Bois d'œuvre fournit des structures sur mesure à Maisons alpines à un prix au mètre cube, prix fixé en 2009. Le contrat ne contient aucune clause prévoyant la réévaluation du prix.

Après quelques années, Noah est très inquiet. Même si l'entreprise fait des bénéfices et a diversifié sa clientèle, le contrat conclu avec Maisons alpines n'est plus rentable. En effet, depuis 2009, sa masse salariale a augmenté de 12,5 %, le prix du bois a grimpé de plus de 17 % et de nouvelles charges environnementales ont vu le jour.

Noah souhaite trouver une solution. Peut-il modifier unilatéralement le contenu du contrat ? Peut-il obliger son cocontractant à renégocier ? Peut-il faire annuler le contrat ?

TRAVAIL DEMANDÉ

1. **Qualifiez le contrat existant entre les parties.** Cas
2. **Résumez le cas en ne gardant que les faits importants pour résoudre cette situation juridique.** Cas
3. **Identifiez le problème juridique qui se pose à Noah.** Cas
4. **Mettez en évidence la règle juridique sur laquelle pourrait s'appuyer Noah pour obtenir gain de cause.** Documents 1, 2 et 3 Notion 1
5. **Exposez quelle pourrait être la décision prise par le tribunal.** Document 2 Notion 1

DOCUMENT 1 Code civil

Article 1134

Les conventions légalement formées tiennent lieu de loi à ceux qui les ont faites. Elles ne peuvent être révoquées que de leur consentement mutuel, ou pour les causes que la loi autorise. Elles doivent être exécutées de bonne foi.

Article 1156

On doit, dans les conventions, rechercher quelle a été la commune intention des parties contractantes, plutôt que de s'arrêter au sens littéral des termes.

DOCUMENT 2 L'équilibre dans les contrats

Vu l'article 1134 du Code civil ;
[…] Attendu que la règle qu'il consacre est générale, absolue et régit les contrats dont l'exécution s'étend à des époques successives de même qu'à ceux de toute autre nature ;
Que, dans aucun cas, il n'appartient aux tribunaux, quelque équitable que puisse apparaître leur décision, de prendre en considération le temps et les circonstances pour modifier les conventions des parties et substituer des clauses nouvelles à celles qui ont été librement acceptées par les contractants ;
Qu'en décidant le contraire et en élevant à 30 centimes de 1834 à 1874, puis à 60 centimes à partir de 1874, la redevance d'arrosage, fixée à 3 sols par les conventions de 1560 et 1567, sous prétexte que cette redevance n'était plus en rapport avec les frais d'entretien du canal de Craponne, l'arrêt attaqué a formellement violé l'article 1134 ci-dessus visé ;
Par ces motifs, casse […] l'arrêt rendu entre les parties par la cour d'appel d'Aix le 31 décembre.

Cour de cassation, arrêt canal de Craponne, 6 mars 1876

DOCUMENT 3 Un déséquilibre contractuel

Attendu, selon l'arrêt attaqué, que la société d'Exploitation de chauffage (société SEC) a fait assigner en référé la société Soffimat, avec laquelle elle avait conclu le 24 décembre 1998 un contrat d'une durée de douze ans ou 43 488 heures portant sur la maintenance de deux moteurs d'une centrale de production de co-génération moyennant une redevance forfaitaire annuelle, aux fins qu'il lui soit ordonné, sous astreinte, de réaliser, à compter du 2 octobre 2008, les travaux de maintenance prévus contractuellement et notamment, la visite des 30 000 heures des moteurs ;

Astreinte
→ lexique, p. 157

Sur le premier moyen, pris en sa première branche :
[...] – Attendu qu'en statuant ainsi, sans rechercher, comme elle y était invitée, si l'évolution des circonstances économiques et notamment l'augmentation du coût des matières premières et des métaux depuis 2006 et leur incidence sur celui des pièces de rechange, n'avait pas eu pour effet, compte tenu du montant de la redevance payée par la société SEC, de déséquilibrer l'économie générale du contrat tel que voulu par les parties lors de sa signature en décembre 1998 et de priver de toute contrepartie réelle l'engagement souscrit par la société Soffimat, ce qui était de nature à rendre sérieusement contestable l'obligation dont la société SEC sollicitait l'exécution, la cour d'appel a privé sa décision de base légale ;

Et sur le second moyen :
[...] – Attendu que pour déclarer irrecevable la demande d'expertise sollicitée par la société Soffimat, l'arrêt retient qu'il s'agit d'une demande nouvelle formée en cause d'appel, sans lien avec les demandes dont le premier juge était saisi ;
– Attendu qu'en statuant ainsi alors que cette demande était destinée à analyser l'économie générale du contrat et tendait par voie de conséquence aux mêmes fins que la défense soumise au premier juge dès lors qu'elle avait pour objet d'établir que l'obligation, dont l'exécution était sollicitée, était sérieusement contestable, compte tenu du bouleversement de l'économie du contrat entre 1998 et 2008, la cour d'appel a violé les textes susvisés ;

PAR CES MOTIFS, et sans qu'il y ait lieu de statuer sur les autres griefs :
CASSE ET ANNULE, [...] renvoie [...].

Arrêt de la Cour de cassation, Chambre commerciale, 29 juin 2010

ACTUALITÉ JURIDIQUE

L'ordonnance n° 2016-131 du 10 février 2016 portant réforme du droit des contrats, du régime général et de la preuve des obligations a été publiée au Journal officiel. Il devrait être applicable dès octobre 2016. Dans l'attente de son application définitive, les règles actuelles restent en vigueur.
Le nouvel article 1195 du Code civil vient tempérer l'article 1134 du même Code : « Si un changement de circonstances imprévisible lors de la conclusion du contrat rend l'exécution excessivement onéreuse pour une partie qui n'avait pas accepté d'en assumer le risque, celle-ci peut demander une renégociation du contrat à son cocontractant. Elle continue à exécuter ses obligations durant la renégociation. En cas de refus ou d'échec de la renégociation, les parties peuvent convenir de la résolution du contrat, à la date et aux conditions qu'elles déterminent, ou demander d'un commun accord au juge de procéder à son adaptation. À défaut d'accord dans un délai raisonnable, le juge peut, à la demande d'une partie, réviser le contrat ou y mettre fin, à la date et aux conditions qu'il fixe. »

Complément web
La non-exécution du contrat
lienmini.fr/d261compl07

DOSSIER 2 : Les clauses particulières

CAS BOIS D'ŒUVRE : La renégociation du contrat

Après de nombreuses tractations, le gérant de la société Maisons alpines accepte de discuter avec Noah Sivani de la possibilité de modifier le contrat initial. Toutefois, les deux gérants souhaitent qu'une ébauche du nouveau contrat soit proposée lors de la réunion.

TRAVAIL DEMANDÉ

Clause
→ lexique, p. 157

1. **Montrez que la rédaction d'une clause est encadrée par la loi afin d'éviter les abus d'une des parties.** Documents 2 et 3 Notion 2
2. **Expliquez aux gérants l'intérêt d'intégrer une clause d'indexation ou une clause de renégociation au nouveau contrat.** Notion 2
3. **Concevez les clauses suivantes : clause d'indexation ou de révision de prix et clause de renégociation.** Documents 1 et 4
4. **Proposez à Noah Sivani la clause qui vous paraît la plus adaptée. Justifiez votre choix.** Document 4

DOCUMENT 1 Notes de Noah Sivani

Après quelques recherches, voici l'index qui me semble le plus adapté à une clause de révision des prix. Il mesure l'évolution des prix des différents secteurs des métiers du bâtiment.

Vous trouverez ci-dessous ceux qui, selon moi, correspondent le mieux.

INDEX NATIONAUX DE PRIX DE BÂTIMENT

(publié par la Fédération française du bâtiment)

BT16 Charpente bois en résineux d'importation

BT16a Charpente bois en résineux

BT17 Charpente bois en chêne

Toutefois, vous vérifierez la légalité de cet indice au regard des attentes de la loi.

DOCUMENT 2 Code monétaire et financier

Article L. 112-2

Dans les dispositions statutaires ou conventionnelles est interdite toute clause prévoyant des indexations fondées sur le salaire minimum de croissance, sur le niveau général des prix ou des salaires ou sur les prix des biens, produits ou services n'ayant pas de relation directe avec l'objet du statut ou de la convention ou avec l'activité de l'une des parties.

DOCUMENT 3 Code de commerce

Article L. 442-6

« **I.** Engage la responsabilité de son auteur et l'oblige à réparer le préjudice causé le fait, par tout producteur, commerçant, industriel ou personne immatriculée au répertoire des métiers : […]

2° De soumettre ou de tenter de soumettre un partenaire commercial à des obligations créant un déséquilibre significatif dans les droits et obligations des parties ; […]

Clause abusive
→ lexique, p. 157

DOCUMENT 4 Courriel de l'avocat de Noah Sivani

À : direction@boisdoeuvre.com
Objet : Clause de renégociation

Monsieur,

Vous m'avez demandé s'il était possible d'intégrer une clause de renégociation dans votre contrat de fourniture. Vous trouverez ci-dessous quelques éléments de réponse.

- Les clauses de renégociation ne sont pas interdites par loi et sont très utiles dans les relations contractuelles de longue durée. Les parties peuvent donc librement en intégrer dans leur contrat afin de se prémunir du danger que représente la survenance d'un événement imprévisible ou imprévu, de nature à bouleverser l'économie générale de leur partenariat. Ces clauses peuvent se retrouver sous différents termes : clause d'imprévision, de révision du contrat, d'équité ou encore de hardship.
- Pour être totalement efficace, la clause de renégociation doit préciser les conditions dans lesquelles sa mise en œuvre est possible : l'objet même de la renégociation envisagée, les conséquences qu'emportera son application sur la relation contractuelle des parties.
- Si la clause de renégociation oblige les parties à entamer une négociation (obligation de résultat), elle n'emporte pas obligation pour les parties de réviser le contrat. De ce fait, chacune des parties reste libre d'accepter ou de refuser une modification du contrat, sans que sa responsabilité puisse être mise en cause.

L'efficacité de cette clause est toute relative, mais elle a l'avantage d'obliger les parties à engager une négociation.

Je reste à votre disposition pour toute information complémentaire.

Maître Casseta

Obligation de résultat
→ lexique, p. 159

vidéo sur le web | 4' 27"

La clause de hardship
lienmini.fr/d261hardship

LE CAS

DOSSIER 3 : Les conséquences de l'inexécution du contrat

CAS BOIS D'ŒUVRE : Une obligation contraignante

Noah Sivani a choisi pour des raisons économiques de louer à la société Hertz les matériels roulants spécifiques nécessaires à la livraison de certaines charpentes très encombrantes.

Au regard du nombre de commandes à livrer, Noah a décidé de louer un camion dès le premier du mois et pour une durée de cinq semaines. Dans le contrat, il est convenu avec le loueur que le paiement de la location aura lieu toutes les semaines.

Au milieu de la troisième semaine de location, il reçoit une lettre recommandée avec avis de réception le mettant en demeure de payer les deux semaines écoulées. Débordé et à court de trésorerie, il souhaite ne payer la location qu'à la fin de la période des cinq semaines, une rentrée d'argent étant prévue à cette date.

TRAVAIL DEMANDÉ

1. **Citez l'obligation principale du loueur, puis celle du locataire de matériel.** (Cas)
2. **Identifiez la clause résolutoire et la clause pénale dans le contrat Hertz.** (Document 1)
3. **Mettez en évidence le rôle de ces clauses.** (Notion 2)
4. **Expliquez à Noah quelles seront les conséquences juridiques de la décision prise de ne payer la location qu'à la fin de la période.** (Document 1) (Notion 3)

DOCUMENT 1 Contrat de location Hertz Équipement

Extraits des conditions particulières de location de matériel d'entreprise sans opérateur

[...]

Article 12 – Dommages au matériel loué

(Assurance « bris de machine, incendie, vol… »)

12-1 En cas de dommages, le loueur invite le locataire à procéder à un constat amiable et contradictoire, qui doit intervenir dans un délai de 5 jours ouvrés.

En cas d'accident ou de tout autre événement, le locataire s'engage à en informer le loueur dans les 24 heures par écrit.

En cas d'accident corporel, de vol ou de dégradation par vandalisme, le locataire s'engage à faire établir dans les 48 heures auprès des autorités de police, une déclaration détaillée mentionnant les circonstances, date, heure et lieu ainsi que l'identification du matériel.

Le locataire s'engage à faire parvenir, dans les deux jours, à l'agence ayant établi le contrat, tous les ORIGINAUX des pièces (rapport des autorités de police, constat amiable d'accident automobile, constat d'huissier, etc.) qui auront été établis.

[...]

12-3 Dans le cas où le locataire assure le matériel auprès d'une compagnie d'assurances ou sur ses propres deniers, le préjudice est évalué :

– pour le matériel réparable : suivant le montant des réparations ;

– pour le matériel non réparable ou volé : à partir de la valeur à neuf, déduction faite d'un coefficient d'usure fixé à dire d'expert ou à défaut dans les conditions particulières.

Pour le matériel perdu : le préjudice est évalué à partir de la valeur à neuf, déduction faite d'un coefficient d'usure fixé à dire d'expert ou à défaut dans les conditions particulières.

Le locataire et ses assureurs renoncent à tout recours contre le loueur et ses assureurs.

12-4 En cas de sinistre :

Pour le vol ou la perte, la facturation de location prendra fin le jour de la réception de la déclaration du sinistre faite par le locataire.

DOCUMENT 1 (SUITE) Contrat de location Hertz Équipement

Dans tous les cas, le matériel sera remboursé, au loueur par le locataire sans délai ; le locataire exerçant a posteriori ses propres recours :

– pour le matériel réparable : l'ensemble des coûts occasionnés par la réparation du matériel sera facturé au locataire, avec un minimum de 500 € hors taxes ;

– pour le matériel non réparable ou volé ou perdu : le préjudice est évalué sur la base de la valeur catalogue d'un matériel neuf, déduction faite d'un pourcentage de vétusté de 10 % par an, plafonné à 50 %, avec un minimum de 500 € hors taxes.

Le loueur décide seul de procéder ou non à la réparation.

[...]

Article 14 – Restitution du matériel

[...]

14-4 Les matériels et accessoires non restitués et non déclarés volés ou perdus sont facturés au locataire sur la base de la valeur à neuf, après expiration du délai de restitution fixé dans la lettre de mise en demeure.

[...]

Article 15 – Prix de la location

15-1 Le prix du loyer est généralement fixé par unité de temps (jour, semaine, mois) à rappeler pour chaque location, toute unité de temps commencée étant due, dans la limite d'une journée.

La facturation du matériel loué s'entend de la date de mise à disposition du matériel au locataire, à la date de restitution effective au loueur.

Le prix de la location prendra fin la veille pour tout matériel restitué dans les entrepôts du loueur avant 8 h 00.

[...]

15-4 Dans le cas de modification de la durée de location initialement prévue, les parties peuvent renégocier le prix de ladite location.

[...]

Article 16 – Paiement

16-1 Les conditions de règlement sont prévues aux conditions particulières.

Le non-paiement d'une seule échéance entraîne, après mise en demeure, restée infructueuse, la résiliation du contrat conformément à l'article 19.

Les conditions de règlement sont conformes à l'article L. 441-6 du Code de commerce.

16-2 Pénalités de retard

Toute facture impayée à son échéance entraîne des pénalités de retard dont le taux est fixé aux conditions particulières et, à défaut, conformément à l'article L. 441-6 du Code du commerce.

À titre de clause pénale, le loueur se réserve le droit d'ajouter une somme de 10 % du montant de la facture.

[...]

Article 19 – Résiliation

En cas d'inexécution de ses obligations par l'une des parties, l'autre partie est en droit de résilier le contrat de location sans préjudice des dommages-intérêts qu'elle pourrait réclamer. La résiliation prend effet après l'envoi d'une mise en demeure restée infructueuse. Le matériel est restitué dans les conditions de l'article 14.

[...]

Article 22 – Règlement des litiges

À défaut d'accord amiable entre les parties, tout différend est soumis au tribunal compétent qui peut avoir été désigné préalablement dans les conditions particulières.

En cas de litige, les parties s'efforceront de le régler amiablement. À défaut, et sous réserve de la législation impérative en vigueur, seul le tribunal de commerce de Versailles sera compétent.

www.hertzequip.fr

1 La force obligatoire du contrat

Le contrat est **un accord de volontés générateur de droits et d'obligations** pour les parties. En effet, le contrat légalement formé produit **des effets juridiques**.

Le principe de **la force obligatoire du contrat** prévoit que les conventions légalement formées sont d'application obligatoire. Les parties doivent respecter l'accord conclu.

Entre les parties, le contrat a valeur de loi. Un contractant ne peut revenir sur son engagement sans que le cocontractant n'en soit d'accord : les modifications et les révocations unilatérales ne sont pas autorisées.

De même, **le contrat s'impose aussi au juge**. Le contrat est obligatoire et s'impose à tous dans ce qui a été voulu et seulement cela. En cas de conflit, le juge ne peut pas interpréter des clauses claires d'un contrat, ni dénaturer l'une d'entre elles. Il doit seulement rechercher la commune intention des parties.

Le principe de la force obligatoire du contrat se trouve parfois tempéré par une intervention du juge après la formation du contrat (Cass. com., 29 juin 2010, *voir aussi encadré page 27*). Il intervient dans des cas très précis où il est nécessaire de maintenir ou de rétablir l'équilibre contractuel. Dans ce cas, l'équilibre contractuel initial a été rompu, suite par exemple aux évolutions économiques, et l'une des parties se trouve dans une situation délicate. Le contrat s'applique, mais les obligations sont devenues tellement déséquilibrées que l'un des cocontractants ne peut plus honorer ses engagements. Le juge peut alors intervenir pour obliger les cocontractants à revoir l'accord initial.

Les auteurs

2 Les clauses particulières d'un contrat

Le contrat est un acte juridique personnalisable. Les cocontractants sont libres d'insérer des clauses particulières pour cerner leurs obligations réciproques. Elles sont choisies en fonction des objectifs des parties. Ces clauses sont nombreuses. Les plus fréquentes sont les suivantes.

- **La clause de dédit** : clause qui oblige celui qui ne souhaite plus exécuter le contrat avant un certain délai à dédommager son cocontractant.
- **La clause de réserve de propriété** : clause qui permet au créancier de conserver la propriété du bien vendu jusqu'à complet paiement.
- **La clause d'indexation** : clause qui prévoit que le prix mentionné au contrat évoluera de manière automatique en fonction de l'évolution d'une autre donnée.
- **La clause de renégociation** : clause qui prévoit l'obligation pour les parties de renégocier le contrat si des données essentielles à son équilibre viennent à changer.
- **La clause limitative ou exclusive de responsabilité** : clause par laquelle le débiteur d'une obligation décide de limiter ou d'exclure par avance sa responsabilité en cas de mauvaise exécution ou d'inexécution du contrat. Cette clause est valable si elle est librement négociée et qu'elle ne vide pas de toute sa substance l'obligation essentielle du cocontractant.
- **La clause résolutoire** : clause qui prévoit qu'en cas de manquement à une obligation contractuelle de l'une des parties, le contrat sera résilié de plein droit. Cela permet d'éviter d'avoir recours à la justice.
- **La clause pénale** : clause qui détermine à l'avance la sanction pécuniaire applicable au cas où l'une des parties n'exécuterait pas ses obligations.

Les cocontractants doivent respecter ces clauses. Entre professionnels, ces aménagements sont tout à fait valables. Toutefois, le législateur encadre le contenu des clauses soit pour protéger la partie la plus faible (ordre public de protection) soit pour permettre le bon fonctionnement du marché (ordre public de direction).

Les auteurs

Acte juridique
→ lexique, p. 157

vidéo sur le web 4' 36"

Les clauses abusives entre professionnels
lienmini.fr/d261abusive

Résiliation, Résolution
→ lexique, p. 159

3 L'inexécution du contrat

En vertu de la force obligatoire du contrat, chacune des parties doit exécuter ses obligations de bonne foi. Quand l'une des parties n'honore pas ses engagements, le créancier peut soit chercher à obtenir l'exécution du contrat, soit chercher à l'anéantir.

- Le créancier peut demander au juge d'ordonner **l'exécution forcée du contrat : exécution en nature** lorsque le juge oblige le débiteur à réaliser la prestation due au contrat ; ou **exécution en équivalent** lorsque le juge condamne le débiteur à payer des dommages et intérêts.
- Le créancier peut demander **la résolution du contrat** (contrat à exécution instantanée comme le contrat de vente par exemple) ou **sa résiliation** (contrat à exécution successive comme le contrat de bail d'un appartement par exemple).

La résolution peut être prévue dans le contrat par **une clause résolutoire**. Il suffit alors de constater l'absence d'exécution ou une exécution partielle pour que le contrat soit résolu automatiquement. Cette clause est très souvent contenue dans les contrats entre professionnels. Elle permet à la partie lésée de ne pas aller devant le tribunal et de cesser d'honorer ses propres engagements du fait du défaut d'exécution de son partenaire. Cependant, il convient généralement de respecter la procédure décrite dans le contrat. Il s'agit très souvent de mettre en demeure par courrier et de laisser passer un délai convenu avant de cesser toute relation contractuelle.

Si une telle clause ne figure pas dans le contrat, la partie lésée peut saisir la justice afin de demander au juge la résolution ou la résiliation du contrat.

Quand le contrat est résolu, il est anéanti. Les cocontractants se retrouvent alors dans la même situation que celle qui précédait la formation du contrat. Cette situation est tout à fait possible dans le cas **des contrats à exécution instantanée**, par exemple, dans le cas de la vente d'un bien.

Dans **les contrats à exécution successive**, on ne parle pas de résolution, mais de résiliation. **La résiliation entraîne la rupture des relations juridiques, mais uniquement pour l'avenir.** En effet, il est impossible de revenir sur la période pendant laquelle le contrat a été exécuté, puisque les parties ont effectué des prestations qui ont reçu une contrepartie. Par exemple, la location d'un local suppose l'usage du fonds en contrepartie du paiement d'un loyer.

Les auteurs

vidéo sur le web 3' 03"
La clause résolutoire
lienmini.fr/d261clresolutoire

Complément web
Contrat à exécution instantanée et contrat à exécution successive
lienmini.fr/d261compl09

Avant de commencer QCM

La loi contractuelle

Testez vos connaissances sur le chapitre 3 à l'aide d'un QCM interactif. Connectez-vous sur lienmini.fr/d261exo03

Finch

OBJECTIF **Résoudre un cas pratique** → Fiche Méthode 6, p. 153

SITUATION JURIDIQUE

La société Finch est une jeune entreprise qui produit des housses en cuir et en tissu destinées à recouvrir des fauteuils et canapés. Près de 60 % de son chiffre d'affaires est réalisé dans le cadre du contrat qu'elle a conclu, depuis 4 ans, avec la société Run, fabricant de meubles.

Fin juillet, le gérant de la société Finch reçoit une lettre recommandée de la société Run qui lui annonce la fin de leurs relations contractuelles pour le 1er septembre. Le gérant est éberlué ; rien ne laissait penser à une rupture si brutale même si, ces derniers mois, certains modèles avaient été renvoyés pour un problème de qualité. La survie de son entreprise étant en jeu, il souhaite intenter une action en justice.

1. **Qualifiez juridiquement les faits.**
2. **Formulez le problème de droit.**
3. **Identifiez la règle juridique applicable.**
4. **Proposez une solution argumentée permettant la résolution de ce litige.**

ANNEXE 1 La rupture des relations commerciales

I. Engage la responsabilité de son auteur et l'oblige à réparer le préjudice causé le fait, par tout producteur, commerçant, industriel ou personne immatriculée au répertoire des métiers : [...]

5. De rompre brutalement, même partiellement, une relation commerciale établie, sans préavis écrit tenant compte de la durée de la relation commerciale et respectant la durée minimale de préavis déterminée, en référence aux usages du commerce, par des accords interprofessionnels. Lorsque la relation commerciale porte sur la fourniture de produits sous marque de distributeur, la durée minimale de préavis est double de celle qui serait applicable si le produit n'était pas fourni sous marque de distributeur. [...]

Article L. 442-6 du Code de commerce

ANNEXE 2 La faculté de résiliation sans préavis : les exceptions légales

[...] L'auteur de la rupture brutale peut être exonéré de responsabilité soit en cas d'inexécution par l'autre partie de ses obligations, soit en cas de force majeure, laquelle n'est constituée qu'en présence d'un évènement imprévisible, extérieur et irrésistible.

La jurisprudence est très rigoureuse quant à la mise en œuvre de ces deux exceptions. Ainsi considère-t-elle que l'inexécution doit revêtir un degré de gravité suffisant et caractériser un manquement grave [...].

www.mascre-heguy.com

ANNEXE 3 La responsabilité délictuelle et le paiement de dommages et intérêts

[...] Le Code de commerce impose, à la charge de celui qui souhaite mettre fin à une relation commerciale établie, une véritable obligation de loyauté dans la rupture avec son partenaire économique. L'auteur de la rupture qui manque à cette obligation commet donc une faute engageant sa responsabilité délictuelle et l'obligeant à réparer le préjudice subi.

L'indemnisation de la victime prend en compte l'indemnisation d'un certain nombre de préjudices tels que notamment la perte de marge brute, le coût des emballages où était apposée la marque du réseau que le distributeur n'avait pas pu écouler pendant la durée du préavis [...] ou encore la part non amortie des logiciels spécialement conçus pour l'initiateur de la rupture [...].

www.mascre-heguy.com

ANNEXE 4 Le droit à préavis

[...] Mais attendu que, sauf circonstances particulières, l'octroi d'un préavis suppose le maintien de la relation commerciale aux conditions antérieures ; qu'après avoir constaté que la société Seco Tools France avait elle-même estimé que la société Dorise avait droit à un préavis, ce qui excluait l'existence de manquements graves de la part de celle-ci, l'arrêt retient que les fautes qui lui sont reprochées dans la commercialisation des produits fabriqués par son fournisseur, à les supposer établies, ne sauraient justifier la fin prématurée de l'exclusivité territoriale dont elle bénéficiait et que le délai de préavis de douze mois accordé par la lettre de rupture du 22 janvier 2009 a été privé de son intérêt par la décision concomitante de retrait de l'exclusivité territoriale avec effet immédiat pour l'un des départements et à effet différé au 22 juillet 2009 pour les autres, plaçant la société Dorise dans l'impossibilité de mettre à profit le préavis pour se réorganiser ; qu'en l'état de ces constatations, la cour d'appel, qui a effectué la recherche prétendument omise, a pu estimer que la rupture avait été brutale ; que le moyen n'est pas fondé ;

Cour de cassation, chambre commerciale, 10 février 2015 (extrait)

L'ESSENTIEL

LA LOI CONTRACTUELLE

LA FORCE OBLIGATOIRE DU CONTRAT

s'impose aux

PARTIES CONTRACTANTES

ce qui interdit toute

- Modification unilatérale
- Révocation unilatérale

s'impose au

JUGE

qui ne peut intervenir qu'en cas de

- Nécessité d'interpréter une clause obscure
- Déséquilibre contractuel

LE CONTENU DU CONTRAT

se répartit entre

LES CLAUSES COMMUNES À TOUS LES CONTRATS

- Objet du contrat
- Parties au contrat
- Etc.

LES CLAUSES SPÉCIFIQUES À CERTAINS CONTRATS

les plus fréquentes étant

- La clause de dédit
- La clause de réserve de propriété
- La clause d'indexation
- La clause de renégociation
- La clause limitative ou exclusive de responsabilité
- La clause résolutoire
- La clause pénale

L'INEXÉCUTION DU CONTRAT PAR UNE DES PARTIES

peut être

PRÉVUE DANS LE CONTRAT

→ Application de la clause résolutoire

NON PRÉVUE DANS LE CONTRAT

intervention du juge

- Résolution du contrat (à exécution instantanée) et dommages-intérêts
- Résiliation du contrat (à exécution successive) et dommages-intérêts

CHAPITRE 4

Contracter avec une personne publique

Les contrats que peuvent passer les entreprises privées ne sont pas exclusivement de droit privé. Elles sont appelées également à passer des marchés publics. La qualité particulière d'un des contractants (personne publique) appelle l'application de règles impératives se rattachant au droit public tant au niveau de la formation que de l'exécution.

L'étude du cas Chaufélec va permettre d'aborder :

Dossier 1. Le contrat administratif

Dossier 2. Les marchés publics

LES COMPÉTENCES
- Qualifier une situation contractuelle impliquant une personne publique
- Analyser une relation contractuelle et ses effets juridiques

LES NOTIONS
- Appel d'offres
- Contrat administratif
- Clause exorbitante de droit commun
- Marché public
- Opérateur économique
- Pouvoir adjudicateur

CAS CHAUFÉLEC

L'entreprise Chaufélec est une SARL spécialisée dans la plomberie, le chauffage et l'électricité, qui s'adresse à deux types de clients : les particuliers et les entreprises. Installée à Pau, elle emploie cinq personnes en contrat à durée indéterminée (CDI) : trois plombiers-chauffagistes et deux électriciens. Elle est gérée par Jérôme Dartiguenave.

Son client le plus important (un peu plus de 50 % du chiffre d'affaires) est une entreprise de construction : Batibois. Depuis quelque temps, le gérant de Batibois, Sylvain Boichon, fait pression sur Jérôme Dartiguenave afin qu'il baisse le coût de ses devis. Jérôme refuse, mettant en avant la qualité des produits qu'il utilise et des prestations que fournissent ses salariés. Il se rend bien compte qu'il pourrait, à terme, avoir des difficultés, surtout s'il perdait les chantiers que lui confie Batibois.

Après réflexion, il envisage de diversifier sa clientèle et de démarcher quelques structures publiques (la municipalité, l'Office public de l'habitat, etc.) afin d'obtenir des contrats plus réguliers, qui permettraient d'assurer la pérennité de l'entreprise.

Afin de mener à bien cette mission, Jérôme Dartiguenave, ami de la famille, vous contacte afin que vous réalisiez une première analyse des dossiers Chaufélec à partir des documents et des notions 1 à 5.

DOSSIER 1 : Le contrat administratif

CAS CHAUFÉLEC : Un contrat public de maintenance

Jérôme Dartiguenave a obtenu plusieurs rendez-vous avec des décideurs publics et s'est même vu confier, après mise en concurrence, un contrat par une petite commune située près de Pau.

La municipalité de Serres-Castet souhaite qu'il s'occupe du changement des chaudières de l'ensemble des appartements sociaux sur son territoire. Elle souhaite aussi qu'il prenne en charge l'entretien du parc des chaudières des bâtiments communaux.

Le montant du contrat de fourniture (les chaudières) s'élève à environ 4 500 € et celui du contrat de maintenance des chaudières (contrat d'entretien) à 7 000 € par an. Le secrétaire général de la commune remet à Jérôme le contrat de maintenance avant sa conclusion. Ce dernier n'a jamais conclu de contrat avec une personne publique et se pose des questions.

TRAVAIL DEMANDÉ

Clause exorbitante de droit commun, Contrat administratif
→ lexique, p. 157, 158

1. **Retrouvez la clause exorbitante de droit commun.** Document 1 | Notions 2 et 4
2. **Justifiez le caractère administratif du contrat.** Document 1 | Notion 2
3. **Dans une note destinée à Jérôme, mettez en évidence les particularités d'un contrat administratif.** Notions 2 et 4

Jérôme est inquiet des dispositions contenues dans l'article 11 du contrat. Il semble que la commune puisse stopper le contrat quand elle le souhaite. Il voudrait avoir quelques informations supplémentaires.

4. **Expliquez les différentes possibilités de résiliation dont dispose la commune.** Documents 1 et 2

DOCUMENT 1 Extrait du contrat avec la commune de Serres-Castet

MARCHÉ PUBLIC D'ENTRETIEN DE CHAUDIÈRES

Entre, d'une part la commune de Serres-Castet, représentée par son Maire,
Ci-après dénommée la Collectivité, d'une part,
Et, d'autre part, la SARL Chaufélec sise 3 avenue de la République, 64000 Pau
Ci-après dénommé le fournisseur,
Il a été convenu ce qui suit :

Article 1 – Objet de la mission

Il est confié au fournisseur la mission de gérer l'entretien de l'ensemble des chaudières du parc public immobilier de la commune.

Article 2 – Définition de la mission

La mission consiste à gérer l'entretien des chaudières nécessaires à leur fonctionnement. Le fournisseur s'engage à faire deux vérifications par an et à répondre aux appels de la commune dans le cas d'une panne intempestive. Le fournisseur doit donc veiller au bon fonctionnement du parc de chaudières confié par la commune et a pour obligation de se déplacer dans la journée suivant l'appel de la commune. [...]

DOCUMENT 1 (SUITE) Extrait du contrat avec la commune de Serres-Castet

Article 5 – Rémunération de la mission

Le contrat d'entretien s'élève à 7 000,00 € par an. Ce montant comprend le coût de la main-d'œuvre, ainsi que les petites fournitures nécessaires à la réparation du matériel. Le coût du changement de la chaudière ou de pièces détachées n'est pas compris dans ce tarif.

Le fournisseur sera payé par échéances semestrielles de 3 500,00 € payables le 1er mars et le 1er septembre. La facture doit être envoyée par le fournisseur chaque année lors du mois de janvier. [...]

Article 7 – Contrôle

La commune contrôle le travail effectué par le personnel de la société Chaufélec.

Article 8 — Durée du marché

Le présent marché public est conclu pour une durée de trois ans à compter de sa date d'effet fixée contractuellement au 1er janvier 2013 et reconductible par tacite reconduction. [...]

Article 11 – Fin de la convention

Le présent contrat est révocable à toute époque au gré de la commune, avec un préavis d'un mois notifié par lettre recommandée avec accusé de réception, pour des motifs d'intérêt général.

De plus, la présente convention sera révoquée de plein droit, avant son expiration, dans les cas suivants :

1- Infraction ou inexécution répétée des clauses et des conditions imposées ci-dessus au fournisseur,

2- Mauvaise exécution répétée de la prestation de service.

DOCUMENT 2 La rupture d'un contrat public

[..] Considérant, il est vrai, qu'en vertu des règles générales applicables aux contrats administratifs, l'autorité concédante peut toujours, pour un motif d'intérêt général, résilier un contrat de concession, sous réserve des droits à indemnité du concessionnaire et que l'étendue et les modalités de cette indemnisation peuvent être déterminées par les stipulations du contrat, sous réserve qu'il n'en résulte pas, au détriment d'une personne publique, une disproportion manifeste entre l'indemnité ainsi fixée et le montant du préjudice résultant, pour le concessionnaire, des dépenses qu'il a exposées et du gain dont il a été privé ; que ce principe, découlant de l'interdiction faite aux personnes publiques de consentir des libéralités, ne s'appliquant pas aux personnes privées, rien ne s'oppose en revanche à ce que ces stipulations prévoient une indemnisation inférieure au montant du préjudice subi par le cocontractant privé de l'administration ; que, dès lors, en se fondant, pour statuer sur les conclusions de la Chambre de commerce et d'industrie de Nîmes [...] relatives à l'indemnisation de la valeur des investissements financés sur ses fonds propres, sur un principe selon lequel les stipulations contractuelles ne pouvaient avoir pour effet, quel que soit le statut du cocontractant de l'administration, soit d'exclure toute indemnisation de celui-ci, soit de prévoir une indemnisation manifestement disproportionnée par rapport au préjudice subi, la cour administrative d'appel de Marseille a commis une erreur de droit [...].

Décision du Conseil d'État, 4 mai 2011 (extrait)

Complément web

L'indemnisation du fournisseur
lienmini.fr/d261compl10

LE CAS

DOSSIER 2 : Les marchés publics

CAS CHAUFÉLEC : Un marché bien plus important

Jérôme Dartiguenave a déjà conclu plusieurs petits contrats avec des communes aux alentours de Pau. En consultant le site www.achatpublic.com, il constate l'existence d'un appel d'offres concernant la fourniture et l'installation de chaudières à gaz dans les logements sociaux d'une Communauté de communes du pays de M. pour un montant d'environ 250 000 €.

Le marché est important, mais tout à fait dans ses compétences. Toutefois, il n'a jamais postulé à un appel d'offres et est un peu perdu.

TRAVAIL DEMANDÉ

Appel d'offres
→ lexique, p. 157

1. **Justifiez le caractère administratif du contrat.** Notion 2
2. **Expliquez à Jérôme ce qui justifie le choix de la mise en place d'une procédure d'appel d'offres par la communauté de communes et son intérêt.** Document 2
3. **Conseillez Jérôme afin d'améliorer ses chances de remporter l'appel d'offres.** Documents 1 et 3

DOCUMENT 1 Extrait de l'appel d'offres de la Communauté de communes

AVIS D'APPEL PUBLIC À LA CONCURRENCE

Identification de l'organisme qui passe le marché : Communauté de communes du pays de M., 5, rue Pierre Mendès-France, 64 M.

Mode de passation : appel d'offres ouvert

Type de marché : Fournitures et services

Objet du marché : FOURNITURE, MISE EN PLACE, RACCORDEMENT, ET MISE EN SERVICE DE 12 CHAUDIÈRES GAZ À CONDENSATION (MATÉRIEL NEUF) AVEC UN CONTRAT DE MAINTENANCE

Lieu d'exécution : Pyrénées-Atlantiques

Délai d'exécution : À compter de la notification du marché et avant le 08 novembre 201N

Adresse où peut être retiré le dossier de consultation :
Communauté de communes du pays de M., 5, rue Pierre Mendès-France, 64 M.

Ou consultable et téléchargeable sur la plateforme de dématérialisation :
https://www.achatpublic.com

Contenu du dossier de consultation : RC - Acte d'engagement - CCP

Conditions de remise des offres et candidatures : Les dossiers devront être envoyés à la Communauté de communes du pays de M., 5, rue Pierre Mendès-France, 64 M. par pli recommandé avec avis de réception ou remis au Secrétariat général contre récépissé ou déposés par voie électronique sur le site de dématérialisation https://www.achatpublic.com

[…] Critères de sélection des offres :
40 % : Prix hors contrat de maintenance
30 % : Qualité technique du dossier remis
15 % : Contenu du contrat de maintenance
15 % : Coût du contrat de maintenance
Chacun des critères sera noté sur 20. […]

Date limite de remise des offres : 26 août 201N 12 heures

DOCUMENT 2 Code des marchés publics

Article 57

I.- Un avis d'appel public à la concurrence est publié dans les conditions prévues à l'article 40.

II.-1° Le délai de réception des offres ne peut être inférieur à cinquante-deux jours à compter de la date d'envoi de l'avis d'appel public à la concurrence. [...]

V.- Les dossiers des candidats sont transmis par tout moyen permettant de déterminer de façon certaine la date et l'heure de leur réception et d'en garantir la confidentialité. Ils comportent une enveloppe comprenant les documents relatifs à la candidature et à l'offre. [...]

Article 58

I.- L'ouverture des plis n'est pas publique ; les candidats n'y sont pas admis.

Seuls peuvent être ouverts les plis qui ont été reçus au plus tard à la date et à l'heure limites qui ont été annoncées dans l'avis d'appel public à la concurrence. [...]

III.- Les offres inappropriées [...] ainsi que les offres irrégulières ou inacceptables au sens du 1° du I de l'article 35 sont éliminées. Cette élimination est effectuée par la commission d'appel d'offres pour les collectivités territoriales.

Article 59

I.- Il ne peut y avoir de négociation avec les candidats. Il est seulement possible de demander aux candidats de préciser ou de compléter la teneur de leur offre.

II.- Après classement des offres finales [...], l'offre économiquement la plus avantageuse est choisie en application du ou des critères annoncés dans l'avis d'appel public à la concurrence ou dans le règlement de la consultation. Ce choix est effectué par la commission d'appel d'offres pour les collectivités territoriales. [...]

Lorsque le candidat dont l'offre a été retenue produit les attestations et certificats [attendus], les candidats dont l'offre n'a pas été retenue sont informés du rejet de celle-ci conformément au I de l'article 80.

Le marché est notifié et un avis d'attribution est publié.

DOCUMENT 3 Note de l'expert-comptable du cabinet

Voici les informations que vous m'avez demandées concernant la procédure d'appel d'offres.

Votre client devra remettre plusieurs imprimés qui se répartiront en deux enveloppes.

- *Dans la première enveloppe se trouvent les imprimés administratifs (DC4, DC5 et DC7) qui contiennent la présentation de la société, son activité, son chiffre d'affaires, ses ressources humaines, etc.*
- *La seconde enveloppe contient, quant à elle, l'offre technique. Dans ce mémoire technique, votre client présentera la méthodologie retenue, ainsi que le planning envisagé pour la réalisation de la mission, complet et détaillé. Ce document doit être rédigé en tenant compte de la grille de sélection du règlement de consultation et de la pondération de chacun des critères afin que son offre puisse être considérée comme la plus économiquement avantageuse.*

Gilles Laboisserie
Expert-comptable

LES NOTIONS

1 Les personnes publiques

La personnalité juridique se caractérise par **l'aptitude à être titulaire de droits et d'obligations**. On distingue les personnes physiques (êtres humains) des personnes morales (groupements). Les personnes morales de droit public sont :
- **l'État**, qui a une compétence générale sur tout le territoire et sur toute la population de la Nation ;
- **les collectivités territoriales**, constituées par la commune, les départements et les régions ;
- **les établissements publics** qui sont des groupements spécialisés dans une mission particulière d'intérêt général (ex. : universités publiques, hôpitaux publics, etc.).

Les auteurs

Personnalité juridique
→ lexique, p. 159

2 Le contrat administratif

[Il s'agit d']une catégorie de contrats conclus par l'administration [...].

Un contrat est dit administratif dans plusieurs cas. Tout d'abord, si la loi le qualifie comme tel (ex. : les marchés de travaux publics par la loi du 28 pluviôse an VIII) ou si un texte déclare le juge administratif compétent pour régler les conflits sur le contrat de l'administration dont il traite.

Sinon, en l'absence de qualification du contrat par un texte, deux critères dégagés par la jurisprudence doivent être présents :

- **un des signataires du contrat est une personne publique**, ce qui n'exclut pas qu'un contrat entre deux personnes privées soit exceptionnellement qualifié d'administratif (ex. : marchés passés pour le compte de l'État entre des entrepreneurs et sociétés concessionnaires d'autoroutes) ;
- **l'insertion dans le contrat de clauses exorbitantes du droit commun** – c'est-à-dire des clauses qu'on ne trouverait pas dans un contrat privé [...] –, ou l'association étroite du cosignataire du contrat au service public. Ces deux derniers critères ne sont pas tenus de se cumuler, ils sont dits « alternatifs ».

Enfin, le contrat peut être qualifié d'administratif s'il s'insère dans un cadre législatif et réglementaire particulier rendant son régime juridique du contrat « exorbitant du droit commun ».

On distingue plusieurs types de contrats administratifs dont les principaux sont **les marchés publics**, **les délégations de service public** et **les contrats de partenariat public-privé**.

www.vie-publique.fr

vidéo sur le web | 6' 26"
Les marchés publics
lienmini.fr/d261marche

3 Le juge des contrats administratifs

Le contrat administratif relève du droit administratif. Aussi, en cas de litige, ce sont les tribunaux de l'ordre administratif qui sont compétents.

Les auteurs

4 La clause exorbitante de droit commun

Une décision du tribunal des conflits, qui a pour mission de résoudre les conflits de compétence entre les juridictions de l'ordre judiciaire et les juridictions de l'ordre administratif, a, dans une décision du 15 octobre 2014, proposé une nouvelle définition de la clause exorbitante de droit commun.

Les caractéristiques de la clause exorbitante de droit commun sont les suivantes :

- **un rapport fortement inégalitaire au profit de la personne publique** (exemple : clauses conférant à la personne publique « un pouvoir de direction, de contrôle ou de sanction ou [...] qui lui permettent de modifier ou de mettre un terme au contrat de manière quasi discrétionnaire ») ;
- et **un but d'intérêt général** conduisant à ne tenir compte, parmi les clauses inégalitaires, que de celles insérées dans un but d'intérêt général et qui, comme telles, « révèlent l'existence d'un rapport de droit public ».

Les auteurs

5 Les marchés publics

Tout contrat portant sur des travaux, des fournitures ou un service doit se soumettre au droit des marchés publics. L'objectif des règles juridiques mises en place est **la protection des deniers publics, la lutte contre la corruption** et **la recherche de l'efficacité administrative**. Ainsi, quand un avantage injustifié est octroyé, il est passible du délit de favoritisme, qui est puni sur le plan pénal. Les contrats passés seront alors nuls et non avenus.

Les marchés publics sont donc soumis au Code des marchés publics. Ils obéissent à des principes fondamentaux : **le libre accès à la commande publique**, **l'égalité de traitement des candidats** et **la transparence des procédures**. Toute entreprise de l'Union européenne peut donc se porter candidate et faire une proposition qui sera mise en concurrence avec les autres offres préalablement à la sélection du cocontractant final.

Le marché public est un contrat conclu entre deux personnes distinctes dotées chacune de la personnalité juridique. L'administration est appelée **pouvoir adjudicateur** ou entité adjudicatrice, alors que le cocontractant est **l'opérateur économique public ou privé**.

En fonction de l'objet du marché et du montant hors taxes du contrat, les procédures à respecter sont différentes.

	Pas de procédure imposée	Procédure adaptée	Procédure formalisée (appel d'offres)
Fournitures et services	Jusqu'à 25 000 €	Marchés compris entre 25 000 € et les seuils de procédures formalisées	- À partir de 209 000 € pour les collectivités et les établissements publics de santé - À partir de 135 000 € pour l'État et ses établissements publics autres que ceux ayant un caractère industriel ou commercial
Travaux	Jusqu'à 25 000 €	Marchés compris entre 25 000 € et les seuils de procédures formalisées	- À partir de 5 225 000 €

Les auteurs

Complément web

Les procédures de marchés publics
lienmini.fr/d261compl11

Avant de commencer QCM

Contracter avec une personne publique

Testez vos connaissances sur le chapitre 4 à l'aide d'un QCM interactif. Connectez-vous sur lienmini.fr/d261exo04

Tout1Art

OBJECTIF **Rédiger une note structurée** → Fiche méthode 7, p. 155

SITUATION JURIDIQUE

L'association Tout1Art est un groupe de personnes passionnées par le théâtre. Chaque année, ses membres choisissent une pièce qu'ils répètent afin de la présenter au public au mois de juin.

Jusqu'à présent, les répétitions avaient lieu chez les membres, mais cette solution n'était pas très satisfaisante ni pour les acteurs ni pour leur famille.

Après négociation avec le maire de la commune de D., Pascaline, la présidente de l'association, a obtenu le droit d'utiliser gracieusement, tous les samedis matin sauf exception, la salle de spectacle du village. En contrepartie, le maire souhaite que l'association propose un cours « enfants » et un cours « adultes » aux habitants. Un contrat est conclu.

En milieu d'année, Pascaline reçoit une lettre de la mairie l'informant de la fin de la convention. En effet, la commission de sécurité considère que la salle de spectacle doit subir des travaux de rénovation afin d'être conforme aux normes de sécurité. La commune décide donc d'abandonner le projet.

Pascaline s'étonne de cette possibilité de rompre un contrat.

Appréciez la légalité de la décision de la commune.

ANNEXE 1 La résiliation unilatérale des marchés publics par l'administration

[...] 2.1.1 Le droit de résilier

L'administration contractante « peut, en tout état de cause et en vertu des règles générales applicables aux contrats administratifs, mettre fin avant terme aux marchés publics, sous réserve des droits à indemnités des intéressés ».

Une clause privant la personne publique de ce droit de résilier est réputée nulle. Les motifs de résiliation pour intérêt général peuvent être, par exemple :
- l'abandon d'un projet, notamment en raison des difficultés techniques rencontrées en cours d'exécution ;
- le fait, non fautif, que le cocontractant ne dispose plus de garanties suffisantes pour remplir ses obligations.

2.1.2 Le droit à être indemnisé

La contrepartie du droit de résilier dans l'intérêt du service public réside dans le droit à indemnité totale du titulaire du marché. « La résiliation n'a pu intervenir [...] qu'en vertu du pouvoir appartenant à l'administration de rompre le contrat sous réserve d'indemniser l'entrepreneur des pertes résultant pour lui de la résiliation, et de lui accorder, le cas échéant, les dédommagements auxquels il peut légitimement prétendre ».

Cette indemnisation doit couvrir l'intégralité du dommage subi par le titulaire du marché, à condition qu'il puisse en justifier le montant, et que cela n'aboutisse pas à un enrichissement indu. Elle prend en compte les dépenses engagées ainsi que le gain manqué par le titulaire. [...]

www.economie.gouv.fr

ANNEXE 2 Extrait de la convention conclue entre la commune et l'association

Entre : La commune D., représentée par son Maire,
Ci-après dénommée la Collectivité, d'une part,
Et : l'association Tout un art, 20 rue Neuve, 74210 D., téléphone : 04 50 35 XX XX, représentée par sa présidente, Mme Pascaline Tregouet
Ci-après dénommée l'association, d'autre part,

Il a été convenu ce qui suit :

Article 1 – Objet de la mission :
L'association s'engage à proposer des cours de théâtre aux habitants de la commune et à développer ainsi la culture théâtrale et littéraire.

Article 2 – Définition de la mission :
L'association devra proposer :
– un cours adultes un soir dans la semaine d'une durée de 1h30 minimum ;
– un cours enfants le mercredi en fin d'après-midi d'une durée de 1 h minimum.

Article 3 – Organisation de la mission
Les cours auront lieu dans la salle de spectacle située à côté de la Mairie. L'association s'engage à fournir au minimum 20 séances par groupe hors vacances scolaires réparties équitablement entre début septembre et fin juin. La constitution des groupes adultes et enfants est laissée à l'association. Le membre de l'association devra venir chercher les clés de la salle dans l'heure précédant le cours et les rendre au plus tard le lendemain matin.

Article 4 – Rémunération de la mission
L'association fixera librement les prix des cours par trimestre tout en respectant les montants maximums ci-dessous :
– cours enfants : maximum 50 € par trimestre ;
– cours adultes : maximum 75 € par trimestre.
Les frais d'adhésion à l'association ne devront pas excéder 10 € pour l'année. [...]

Article 10 – Durée de la convention
La présente convention est consentie pour un an à compter de sa signature. Elle est renouvelable annuellement par reconduction expresse, sauf dénonciation par l'une ou l'autre des parties par lettre recommandée avec avis de réception, adressée au moins deux mois avant la date anniversaire.

L'ESSENTIEL

LE CONTRAT ADMINISTRATIF ET LES MARCHÉS PUBLICS

LE CONTRAT ADMINISTRATIF

est soumis à

DES CONDITIONS D'EXISTENCE OU DE QUALIFICATION

- *soit* **Des critères de détermination** → Une personne publique parmi les signataires
  - *et* → Une clause exorbitante de droit commun
  - *ou* → L'exécution d'un service public pour objet
- *soit* **La qualification de la loi**

peut être de

DIFFÉRENTS TYPES

- **Le marché public**
- **La délégation de service public**
- **Le contrat de partenariat public-privé**

LES MARCHÉS PUBLICS

obéissent à

DES PRINCIPES FONDAMENTAUX

- **Le libre accès à la commande publique**
- **L'égalité de traitement des candidats**
- **La transparence des procédures**

sont régis par

DES PROCÉDURES À RESPECTER QUI DÉPENDENT DES MONTANTS

- **Le marché sans publicité ni concurrence**
- **La procédure adaptée**
- **La procédure formalisée** (appel d'offres)

CHAPITRE 5

Le statut de salarié

Les principes communautaires et constitutionnels affirment le droit d'accès à une activité professionnelle. Le choix de cette activité entraîne l'application d'un ou de plusieurs régimes juridiques.

Quel que soit le régime, l'accès à l'activité est encadré par le législateur. Chaque régime confère des droits et crée des obligations.

L'étude relative au régime du salarié de droit privé invite à s'intéresser au contrat de travail et au droit du recrutement.

L'étude du cas Niky va permettre d'aborder :

Dossier 1. Le recrutement

Dossier 2. Les effets juridiques du contrat de travail

LES COMPÉTENCES

- Identifier les différents régimes juridiques d'exercice de l'activité professionnelle et leurs effets dans une situation donnée
- Analyser tout ou partie d'un engagement professionnel
- Vérifier la légalité des formalités et des conditions d'accès à une profession et d'une procédure de recrutement

LES NOTIONS

- Lien de subordination
- Principe de non-discrimination
- Clause de mobilité
- Clause de non-concurrence
- Liberté d'entreprendre
- Liberté d'embauche
- Liberté individuelle
- Droit à l'emploi

CAS NIKY

La société NIKY est une jeune société spécialisée dans la fabrication et la distribution de chaussures de sport. Sa créatrice et ex-sportive internationale, Valentine Grubert, a lancé cette entreprise avec un modèle très design destinée aux jeunes filles et aux femmes qui souhaitent à la fois le confort et le style « sport ». Devant la réussite de ce modèle, elle a décidé d'en créer un autre à destination des jeunes hommes… Et comme elle le dit si bien : « À même recette, même réussite ! » Le développement de la société est très rapide et, pour profiter de l'image de marque des deux produits actuels, il faut créer de nouveaux modèles et démarcher les magasins afin d'atteindre la cible visée…

Vous êtes stagiaire au service juridique de la société NIKY et Valentine vous confie deux dossiers qu'elle n'a pas eu le temps de finaliser : l'analyse d'une annonce de recrutement et l'ébauche du contrat de travail d'un technico-commercial.

LE CAS

DOSSIER 1 : Le recrutement

CAS NIKY : Une embauche pas si simple

Afin de développer les ventes, Valentine Grubert a décidé d'embaucher du personnel : un styliste pour la création et deux commerciaux pour démarcher les lieux de vente. Après avoir défini ses besoins, elle a conçu une annonce pour recruter un technico-commercial sur la région Sud-Est.

Toutefois, elle se pose des questions sur la validité de son contenu et sur les droits de l'employeur en matière d'embauche, car elle sait que la législation encadre précisément un recrutement.

TRAVAIL DEMANDÉ

1. **Analysez la validité de l'annonce conçue par Valentine Grubert.** Doc 1,2,4
2. **Réécrivez l'annonce afin qu'elle soit conforme au droit.**
3. **Dans une courte note à destination de Valentine Grubert, vous montrerez comment le droit tente de concilier les droits de l'employeur et ceux du candidat au recrutement.**

Doc 3 Notion 1, 2

DOCUMENT 1 Annonce de recrutement

NIKY
Recherche pour la région Sud-Est
1 technico-commercial itinérant en CDI (F)

Niky conçoit, fabrique et commercialise des chaussures de sport. Société en développement, elle souhaite s'appuyer sur de jeunes talents pour réussir.

Votre mission : faisant partie d'une équipe commerciale, vous développez et fidélisez une clientèle de professionnels sur un secteur déterminé.

Nous vous offrons pour réussir :
- Une formation à nos produits.
- Une prise en charge des frais inhérents à votre activité (carburant, repas...).
- Un véhicule de société pendant le contrat.
- Une rémunération stimulante non plafonnée composée d'un minimum garanti + commissions + primes.

C'est avant tout votre tempérament qui prime !
De niveau Bac+2/Bac+3, de formation commerciale, vous faites preuve de qualités relationnelles, de dynamisme. Votre capacité à convaincre et à vous organiser est un atout essentiel pour réussir dans une entreprise à taille humaine, où les perspectives d'avenir sont prometteuses... Pour cela, nous souhaitons recruter une personne sans obligations familiales.

Transmettre CV et lettre de motivation
avant le 10 mai 201N à recrutement@niky.fr

DOCUMENT 2 Code du travail

Droit communautaire
→ lexique, p. 158

Article L. 1132-1

Aucune personne ne peut être écartée d'une procédure de recrutement ou de l'accès à un stage ou à une période de formation en entreprise, aucun salarié ne peut être sanctionné, licencié ou faire l'objet d'une mesure discriminatoire, directe ou indirecte, [...] en raison de son origine, de son sexe, de ses mœurs, de son orientation ou identité sexuelle, de son âge, de sa situation de famille ou de sa grossesse, de ses caractéristiques génétiques, de son appartenance ou de sa non-appartenance, vraie ou supposée, à une ethnie, une nation ou une race, de ses opinions politiques, de ses activités syndicales ou mutualistes, de ses convictions religieuses, de son apparence physique, de son nom de famille ou en raison de son état de santé ou de son handicap.

DOCUMENT 3 Réponse de maître Deschamps, avocat

À : vgrubert@niky.com
Objet : Informations pour votre recrutement

Madame,

Suite à votre demande, voici quelques informations afin de vous permettre de réaliser votre embauche dans les meilleures conditions.

- Le droit, tant au niveau national, communautaire ou international, consacre les libertés économiques pour l'entreprise. Les libertés économiques sont reconnues et protégées par la Constitution. Dans le cadre des libertés économiques, la liberté du commerce et de l'industrie (aussi appelée « liberté d'entreprendre ») permet à tout individu, entre autres, d'exercer librement et sans contrainte l'activité de son choix, de choisir la manière dont il gère son activité et de recruter la personne de son choix, etc.
- Toutefois, ce droit s'exerce dans le cadre du respect de l'ordre public. Ces règles ont pour objectif de protéger l'intérêt général ou les intérêts des plus faibles (salariés, consommateurs...). Pour protéger le salarié, en position de faiblesse du fait du lien de subordination, le droit propose des mesures tant en ce qui concerne les formalités et conditions d'accès à la profession (ex. : respect des libertés individuelles, interdiction de la discrimination...) que dans les relations de travail (ex. : durée du travail...).

Cordialement,

Maître Deschamps

Consommateur, Constitution
lexique, p. 158

DOCUMENT 4 Sanction pour discrimination à l'embauche

[...] Attendu, selon l'arrêt attaqué (Toulouse, 19 février 2010), que M. X, employé par la société Airbus France par des contrats de travail temporaire, du 2 octobre 2000 au 28 septembre 2001, en tant que « fraiseur commandes numériques », puis du 10 janvier 2005 au 7 juillet 2006, comme « affûteur », s'est porté candidat à un emploi à durée indéterminée ; que l'employeur ayant choisi d'engager en octobre 2005 M. Y, qui travaillait comme fraiseur depuis le mois de janvier précédent, M. X, soutenant que ce choix procédait d'une discrimination liée à son origine et à son nom de famille, a saisi la juridiction prud'homale de demandes tendant notamment au paiement de dommages-intérêts ;

Attendu que la société Airbus opération [...] fait grief à l'arrêt de la condamner au paiement de dommages-intérêts pour discrimination, alors selon le moyen, que la détention par le candidat recruté, d'un diplôme ou d'un niveau de formation supérieur à celui présenté par le candidat alléguant une discrimination à son encontre, constitue une justification objective et pertinente du choix effectué, dès lors que ce diplôme ou ce niveau de formation sont utiles à l'exercice des fonctions en vue desquelles le recrutement a été effectué ;

[...] Mais attendu que l'arrêt qui, après avoir retenu que M. X présentait des éléments laissant supposer l'existence d'une discrimination à l'embauche, a constaté que l'employeur ne justifiait pas que son choix d'un autre candidat avait été déterminé par la prise en compte du diplôme dont bénéficiait celui-ci ou de l'expérience professionnelle qu'il avait acquise, a ainsi légalement justifié sa décision ;

PAR CES MOTIFS : REJETTE le pourvoi ; [...].

Arrêt de la Cour de cassation, Chambre sociale, 15 décembre 2011 (extrait)

Compléments web

Discrimination à l'embauche
lienmini.fr/d261compl13

Article L. 1133-1 du Code du travail
lienmini.fr/d261compl14

LE CAS

DOSSIER 2 : Les effets juridiques du contrat de travail

CAS NIKY : Les clauses du contrat de travail

Valentine a recruté un technico-commercial pour la région Sud-Est. Sa mission est de développer les ventes des produits de la société. Valentine a préparé une ébauche de contrat de travail. Toutefois, elle voudrait qu'il soit complété et souhaiterait particulièrement intégrer deux clauses :

- une clause de mobilité permettant de déplacer le salarié sur la région Île-de-France où un établissement de la marque doit s'implanter dans peu de temps ;
- une clause de non-concurrence permettant de protéger l'entreprise en cas de rupture du contrat de travail.

TRAVAIL DEMANDÉ

1 Listez les principaux droits et obligations de chacune des parties au contrat.

2 Retrouvez les éléments démontrant l'existence d'un lien de subordination dans le contrat.

3 Proposez la rédaction d'une clause de mobilité qui sera insérée dans le contrat de M. Vialic.

4 Analysez la validité de la clause de non-concurrence.

Clause de non-concurrence lexique, p. 157

Convention collective lexique, p. 158

DOCUMENT 1 Contrat de travail

Entre les soussignés :

– L'entreprise Niky, représentée par sa gérante Valentine Grubert, domiciliée à Annecy (74000), d'une part

– Monsieur Micha Vialic, demeurant au 2, rue des fleurs, 74210 Doussard, d'autre part

Il a été convenu ce qui suit :

Article 1 : Engagement

La société NIKY engage, sous réserve des résultats de la visite médicale d'embauche, M. Micha Vialic. Il exercera son activité sous l'autorité de son employeur et plus particulièrement de la gérante Mme Grubert.

Le contrat est soumis aux dispositions du règlement intérieur et de la convention collective « industrie de la chaussure et des articles chaussants ».

Le présent contrat, qui prend effet le 24 janvier 201N, est conclu pour une durée indéterminée.

Article 2 : Emploi occupé

M. Vialic est employé en qualité de technico-commercial suivant le coefficient 370. À cette valeur seront ajoutés les points nécessaires pour obtenir le salaire brut convenu indiqué à l'article 7.

Article 3 : Période d'essai

Ce contrat comportera une période d'essai de 1 mois renouvelable une fois.

Article 4 : Lieu de travail

Le lieu de travail est situé sur les régions Auvergne et Rhône-Alpes et Provence-Alpes-Côte-d'Azur.

Article 5 : Durée de travail

Le temps de travail est fixé à 35 heures par semaine.

Article 6 : Rémunération

En contrepartie de ses fonctions, M. Vialic percevra une rémunération mensuelle brute de 1 850 € (MILLE HUIT CENT CINQUANTE EUROS).

Cette somme sera complétée par une commission de 3 % sur le chiffre d'affaires, ainsi que par des primes conformément à la convention collective dont relève l'entreprise.

Article 7 : […]

Article 15 : Retraite complémentaire

M. Vialic sera affilié à la caisse de retraite dont relève l'Entreprise. La quote-part de cotisation à la charge de M. Vialic sera prélevée sur sa rémunération chaque mois.

Fait en deux exemplaires, à Annecy le 20/01/201N

M. Micha Vialic — Mme Valentine Grubert, *gérante de la société NIKY*

DOCUMENT 2 Ébauche de la clause de non-concurrence pour le contrat de M. Vialic

Article 9 : Clause de non-concurrence
En cas de rupture du présent contrat pour quelque cause que ce soit, M. Vialic s'engage à ne pas travailler, à quelque titre que ce soit pour une entreprise ayant une activité concurrente de celle de la société NIKY, ou à ne pas s'intéresser directement ou indirectement à toutes activités pouvant concurrencer les activités de la société NIKY. Les activités susmentionnées ne pourront être exercées pendant une durée de 9 mois à compter de la cessation du contrat, sur le territoire indiqué dans l'article 4 du contrat de travail ou son avenant si un changement de lieu de travail devait avoir lieu.

Avenant
→ lexique, p. 157

DOCUMENT 3 Conditions de validité d'une clause de non-concurrence

[...] Attendu qu'une clause de non-concurrence n'est licite que si elle est indispensable à la protection des intérêts légitimes de l'entreprise, limitée dans le temps et dans l'espace, qu'elle tient compte des spécificités de l'emploi du salarié et comporte l'obligation pour l'employeur de verser au salarié une contrepartie financière, ces conditions étant cumulatives ; [...]

Arrêt de Cour de cassation, Chambre sociale, 10 juillet 2002 (extrait)

DOCUMENT 4 Invalidité d'une clause de mobilité

Vu l'article 8 de la Convention européenne de sauvegarde des droits de l'homme et des libertés fondamentales ; Attendu que selon ce texte, toute personne a droit au respect de son domicile ; que le libre choix du domicile personnel et familial est l'un des attributs de ce droit ; qu'une restriction à cette liberté par l'employeur n'est valable qu'à la condition d'être indispensable à la protection des intérêts légitimes de l'entreprise et proportionnée, compte tenu de l'emploi occupé et du travail demandé, au but recherché ;
[...] Qu'en statuant par ces seuls motifs qui ne justifiaient ni le caractère indispensable pour l'entreprise d'un transfert de domicile, alors que le salarié proposait d'avoir une résidence à Montpellier, ni le caractère proportionné au but recherché de cette atteinte à la liberté de choix du domicile du salarié et alors qu'elle n'explique pas en quoi les attributions de M. X exigeaient une présence permanente à Montpellier, la cour d'appel n'a pas donné de base légale à sa décision ;

12 janvier 1999

[...] Qu'en se déterminant ainsi, sans rechercher si, comme le soutenait Mme X, la mise en œuvre de la clause contractuelle ne portait pas une atteinte au droit de la salariée à une vie personnelle et familiale et si une telle atteinte pouvait être justifiée par la tâche à accomplir et était proportionnée au but recherché, la cour d'appel n'a pas donné de base légale à sa décision ;

14 octobre 2008

[...] Mais attendu, d'abord, qu'une clause de mobilité doit définir de façon précise sa zone géographique d'application ; que la cour d'appel a relevé que le contrat de travail prévoyait que le salarié exercerait ses fonctions sur l'ensemble du territoire national, mais également dans tous pays de sorte que cette clause de mobilité était nulle et de nul effet ; [...]

26 mai 2010

Arrêts de Cour de cassation, Chambre sociale (extrait)

Compléments web

La clause de mobilité
lienmini.fr/d261compl15

La clause de non-concurrence
lienmini.fr/d261compl16

1 Définition du contrat de travail

Un contrat de travail existe dès lors qu'**une personne (le salarié) s'engage à travailler, moyennant rémunération, pour le compte et sous les ordres et le contrôle d'une autre personne (l'employeur) dans une entreprise privée**. Le plus souvent, le contrat de travail doit être écrit, sauf CDI à temps complet. Son exécution entraîne un certain nombre d'obligations, tant pour le salarié que pour l'employeur.

L'employeur peut être une personne physique (entrepreneur individuel...) ou une personne morale (SARL, association...) de droit privé. Dans ce second cas, le contrat est conclu par la personne munie du pouvoir d'engager la personne morale (gérant, directeur), dont les fonctions comportent le recrutement de salariés. Côté salarié, toute personne peut conclure un contrat de travail avec, cependant, quelques restrictions concernant les personnes majeures sous tutelle et les jeunes de moins de dix-huit ans.

www.insee.fr

Association
lexique, p. 157

Vidéo sur le web 2' 09"
Le contrat de travail
lienmini.fr/d261travail

Conseil de prud'hommes
lexique, p. 158

2 Les règles juridiques en matière de recrutement

[...] L'employeur qui souhaite recruter des candidats est en principe **libre de choisir les candidats dont les profils semblent le plus correspondre aux postes proposés**. Il est également **libre d'utiliser les techniques de recrutement qu'il juge les plus appropriées** (questionnaires, test de personnalité, analyse graphologique et autre). [...]

Ainsi, en matière d'embauche (de stage ou de période de formation en entreprise) **toute discrimination** fondée sur l'âge, l'origine, la religion, le sexe (sauf emplois particuliers), la situation de famille, l'appartenance politique, syndicaliste ou mutualiste, les mœurs, l'orientation sexuelle, l'appartenance ou la non-appartenance vraie ou supposée à une ethnie, une nation ou une race, l'apparence physique, le nom de famille, l'état de santé ou le handicap (sauf inaptitude qui doit être constatée par la médecine du travail) **est sanctionnée**. Par ailleurs, **la loi interdit le fait de mentionner dans une offre d'emploi, le sexe ou la situation familiale du candidat recherché**, excepté dans trois cas : lorsqu'il s'agit d'artistes appelés à interpréter un rôle masculin ou féminin, lorsqu'il s'agit de mannequins chargés de présenter des vêtements, et pour les modèles. Les personnes qui s'estiment victime de discrimination disposent de plusieurs recours. Il est possible, tout d'abord, d'agir au pénal en déposant plainte auprès du procureur de la République ou auprès du commissariat ou de la gendarmerie. L'auteur de discrimination risque jusqu'à trois ans d'emprisonnement et 45 000 € d'amende. Il est également possible d'agir au civil, en saisissant le conseil des prud'hommes afin d'obtenir l'annulation de la décision jugée discriminatoire et de demander réparation. [...]

Il existe ensuite des **règles de priorités d'embauche** [travailleurs à temps partiel qui ont fait savoir qu'ils souhaitaient occuper ou reprendre un travail à temps complet, [...] personnes licenciées pour motif économique, [...] travailleurs handicapés].

www.droit24.fr

Complément web
Le régime juridique des offres d'emploi
lienmini.fr/d261compl17

3 Le lien de subordination

La caractéristique essentielle du contrat de travail réside dans l'existence d'**un lien de subordination juridique**. Il permet de distinguer une activité indépendante d'une activité dépendante, c'est-à-dire salariée.

Si le Code du travail ne donne pas de définition du lien de subordination, la jurisprudence en a défini les paramètres. Il se caractérise par l'exécution d'un travail sous l'autorité de l'employeur qui a le pouvoir de donner des ordres et des directives, d'en contrôler l'exécution et de sanctionner les manquements [...].

[...] La subordination résulte d'un faisceau d'indices. Le fait d'être soumis à des horaires, de travailler dans un lieu déterminé par l'employeur, de recevoir des instructions, de devoir respecter certaines modalités d'exercice de son activité (délais de production, remise périodique de comptes rendus, de rapports...) caractérise le lien de subordination. [...]

www.dossierfamilial.com

4 Droits et obligations des parties au contrat de travail

[...] l'employeur est tenu de fournir un travail dans le cadre de l'horaire établi, verser le salaire correspondant au travail effectué, respecter les autres éléments essentiels du contrat (qualification, lieu de travail quand il est précisé dans le contrat...), faire effectuer le travail dans le respect du Code du travail et de la convention collective applicable à l'entreprise.

Le salarié doit, quant à lui observer les horaires de travail, réaliser le travail demandé conformément aux instructions données, respecter les engagements mentionnés dans le contrat de travail et, lorsqu'il en existe un, les clauses du règlement intérieur, ne pas faire de concurrence déloyale à son employeur.

www.travail-emploi.gouv.fr

Concurrence déloyale
→ lexique, p. 157

5 La clause de mobilité

Avec la clause de mobilité géographique, le salarié s'engage à accepter la modification de son lieu de travail dans l'intérêt de l'entreprise. Elle doit être insérée dans le contrat de travail.
La clause de mobilité doit **être rédigée dans des termes précis et mentionner la zone géographique d'application couverte**. Pour être mise en œuvre, la clause de mobilité **doit intervenir dans l'intérêt de l'entreprise, être justifiée par la tâche à accomplir, être proportionnelle au but recherché** compte tenu de l'emploi occupé, du travail demandé.

Les auteurs

6 La clause de non-concurrence

Une clause de non-concurrence peut être insérée dans un contrat de travail afin d'éviter, à la fin de la relation contractuelle, que le salarié ne concurrence son ancien employeur. **Elle ne doit pas cependant entraver la liberté de travailler du salarié**. Pour être valable, cette clause doit obéir aux quatre conditions suivantes :
- être indispensable à la protection des intérêts légitimes de l'entreprise ;
- être limitée dans le temps et dans l'espace (le salarié doit pouvoir exercer sa profession) ;
- tenir compte des spécificités de l'emploi du salarié ;
- comporter une contrepartie financière (non dérisoire) que l'employeur a l'obligation de verser au salarié après la rupture du contrat.

Les auteurs

vidéo sur le web — 4' 55"
La clause de non-concurrence
lienmini.fr/d261clause

Avant de commencer QCM

Le statut de salarié

Testez vos connaissances sur le chapitre 5 à l'aide d'un QCM interactif. Connectez-vous sur lienmini.fr/d261exo05

bBetter

OBJECTIF **Résoudre un cas pratique** → Fiche Méthode 6, p. 153

SITUATION JURIDIQUE

Isabelle Huys a un BTS Comptabilité et Gestion. Elle travaille depuis 4 ans dans une société spécialisée dans les services collectifs bBetter, qui propose à ses clients, collectivités locales et entreprises, une expertise dans trois domaines : gestion du cycle de l'eau, gestion et valorisation des déchets et gestion de l'énergie.

Lors d'une discussion, elle s'aperçoit qu'une de ses collègues, dont l'ancienneté est inférieure à la sienne, a un salaire supérieur. Il est vrai qu'elle a une licence professionnelle, mais elles ont toutes deux les mêmes tâches à réaliser. De plus, dès qu'il y a un dossier important à traiter (mais pas forcément complexe), le responsable hiérarchique le confie à Isabelle. Elle a donc décidé de prendre rendez-vous avec le responsable des ressources humaines afin d'éclaircir cette différence.

1. **Formulez le problème juridique.**
2. **Exposez la règle juridique applicable.**
3. **Proposez les arguments que peut utiliser Isabelle lors de son entretien.**

ANNEXE 1 À travail égal, salaire égal

Attendu que la société Delzongle reproche encore au conseil de prud'hommes de l'avoir condamnée à payer à Mme X un rappel de salaire sur le fondement de l'article L. 140-2 [aujourd'hui L. 3221-2] du Code du travail, alors, selon le moyen, que le principe d'égalité de rémunération posé par cet article s'applique entre les hommes et les femmes et qu'en la condamnant au paiement d'un rappel de salaire pour une rémunération différente entre femmes, le conseil de prud'hommes en a fait une fausse application ;

Mais attendu que le conseil de prud'hommes a exactement rappelé que la règle de l'égalité de rémunération entre les hommes et les femmes était une application de la règle plus générale « à travail égal, salaire égal » [...] ; qu'il s'en déduit que l'employeur est tenu d'assurer l'égalité de rémunération entre tous les salariés de l'un ou l'autre sexe, pour autant que les salariés en cause sont placés dans une situation identique ;

Et attendu qu'ayant relevé que la salariée accomplissait, avec un coefficient salarial identique et une qualification supérieure, le même travail qu'une autre salariée et percevait une rémunération moindre, et que l'employeur se bornait, pour justifier cette situation, à alléguer la différence d'ancienneté entre les salariées, le conseil de prud'hommes, qui a constaté que l'ancienneté respective des salariées était prise en compte par une prime d'ancienneté distincte du salaire de base, a légalement justifié sa décision ;

PAR CES MOTIFS : REJETTE le pourvoi.

Cour de cassation, Chambre sociale, 29 octobre 1996

ANNEXE 2 Article L. 3221-2 du Code du travail

Tout employeur assure, pour un même travail ou pour un travail de valeur égale, l'égalité de rémunération entre les femmes et les hommes.

ANNEXE 3 Un principe fondé sur des critères objectifs

Un principe de non-discrimination

Il ne faut pourtant pas se tromper. Le principe « à travail égal, salaire égal » ne signifie pas que « tous les salariés qui effectuent le même type de travail doivent recevoir la même rémunération. Il impose simplement à l'employeur d'assurer une égalité de salaire entre tous les employés placés dans une situation identique », rappelle maître François Vergne, avocat à Paris.

Concrètement, cela signifie que, si aucun élément objectif et vérifiable ne les distingue, les salariés d'une même entreprise doivent être payés de façon identique dès lors qu'ils effectuent le même travail ou un travail de valeur égale. Ce principe de non-discrimination s'applique, au-delà du salaire, pour tous les avantages et accessoires payés, directement ou indirectement, en espèces ou en nature, en raison de l'emploi.

Pour trancher les différends, les juges s'appuient sur des critères tels que la qualité du travail fourni, l'ancienneté, la qualification, la compétence, le niveau de responsabilité, la productivité. Ils considèrent que vous avez une situation identique à celle de votre collègue si vous présentez un ensemble comparable de connaissances professionnelles consacrées par un titre, un diplôme, ou une pratique professionnelle similaire. [...]

Inégalité de rémunération : le conseil de prud'hommes compétent

Les salariés qui s'estiment lésés doivent rassembler des éléments qui établissent que le principe « à travail égal, salaire égal » n'est pas respecté (fiches de paie, tableaux comparatifs d'évolution de salaires sur plusieurs années, etc.). Libres à eux, après avoir réclamé, par l'intermédiaire des représentants du personnel, un rappel de salaires auprès de leur employeur, de saisir le conseil de prud'hommes s'ils n'ont pas obtenu gain de cause.

Devant le juge, c'est à l'employeur de prouver que la différence de salaire est justifiée. [...]

www.dossierfamilial.com

ANNEXE 4 Classification des emplois dans la convention collective applicable chez bBetter

Groupe VI :

Ce sont les emplois correspondant à la direction et à la coordination d'activités différentes et complémentaires, à partir de directives constituant un cadre d'ensemble. Ils comportent l'encadrement de salariés ou d'équipes, généralement par l'intermédiaire de responsables de groupes précédents.
Agissant en complète autonomie, le titulaire est notamment chargé :

- de veiller à l'accueil des nouveaux membres des groupes et à leur adaptation ;
- d'organiser l'activité et de donner, si nécessaire, délégation de pouvoir prendre certaines initiatives ou décisions ;
- de répartir les programmes, en suivre la réalisation, contrôler les résultats par rapport aux objectifs techniques ou économiques, prendre, le cas échéant, les dispositions correctrices nécessaires ;
- d'apprécier les compétences individuelles, déterminer et soumettre à l'autorité hiérarchique les mesures en découlant, participer à leur application ;
- de s'assurer de la circulation des informations.

Le titulaire est entièrement responsable de son activité et de ses résultats. S'il encadre, il est responsable de l'activité de ses subordonnés et des résultats obtenus.

Les connaissances nécessaires, acquises par la formation initiale, la formation ou l'expérience professionnelle, sont au moins celles déterminées aux niveaux 3 (BTS, DUT) ou 2 (licence, master) de l'Éducation nationale complétant une qualification initiale ou des compétences au moins équivalentes à celles du personnel encadré.

L'ESSENTIEL

LE RECRUTEMENT ET LE CONTRAT DE TRAVAIL

LE RECRUTEMENT

met en relation

L'EMPLOYEUR

- *qui recrute* → **Dans le respect de la législation**
  - *qui impose* →
    - La liberté de choix des candidats et techniques de recrutement
    - La non-discrimination
    - Le respect des libertés individuelles
- *en vertu du droit* → **À la liberté d'embauche selon le principe de liberté contractuelle**

et

LE CANDIDAT À L'EMPLOI

- *en vertu du droit* → **À l'emploi**

LE CONTRAT DE TRAVAIL

Contrat par lequel le salarié s'engage à travailler, moyennant rémunération, pour le compte et sous les ordres et le contrôle (lien de subordination) **de l'employeur dans une entreprise privée**

impose →

DES DROITS ET OBLIGATIONS POUR LES PARTIES

contient →

DES CLAUSES

- **Générales à tous les contrats** →
  - Objet du contrat
  - Durée du travail
  - Lieu du travail
  - Rémunération
  - Etc.
- **Particulières à certains contrats** →
  - Clause de mobilité
  - Clause de non-concurrence
  - Etc.

CHAPITRE 6

Le statut de fonctionnaire

L'exercice d'une activité professionnelle nécessite de la part de l'individu de choisir un régime juridique de travail en fonction de critères qui lui sont personnels, notamment la stabilité de l'emploi, l'indépendance, la rémunération, la protection sociale et le risque…

Les fonctionnaires n'étant régis, ni par le Code du travail, ni par les conventions collectives, il s'agit de limiter l'étude aux principales caractéristiques de leur statut.

L'étude du cas SDIS va permettre d'aborder :

Dossier 1. Le recrutement

Dossier 2. Les droits et obligations des fonctionnaires

LES COMPÉTENCES

- Identifier les différents régimes juridiques d'exercice de l'activité professionnelle et leurs effets dans une situation donnée
- Analyser tout ou partie d'un engagement professionnel
- Vérifier la légalité des formalités et des conditions d'accès à une profession et d'une procédure de recrutement

LES NOTIONS

- Concours
- Avancement d'échelon et de grade
- Droit à la protection
- Obligation générale de servir
- Obligation de réserve
- Obéissance hiérarchique

CAS SDIS

Le Service départemental d'incendie et de secours (SDIS) du Morbihan (56) est un établissement public départemental autonome. Placé sous la double autorité du préfet, pour la coordination de l'activité opérationnelle, et du président du conseil d'administration (CA) de l'établissement public, pour l'administration et le financement, le SDIS prend en charge les dépenses d'organisation et de fonctionnement du service, celles relatives aux personnels, aux matériels et équipements.Le financement du SDIS est assuré par les collectivités locales (conseil général et communes). Un officier supérieur de sapeur-pompier professionnel, le colonel C. B., dirige l'établissement. Il est responsable :

- de la mise en œuvre opérationnelle des moyens du SDIS sous l'autorité du maire ou du préfet ;
- de la gestion administrative et financière, sous l'autorité du président du CA, Jean F.

Vous êtes en stage dans cette organisation et M. Jean F. vous confie deux dossiers. Le premier est lié au recrutement et à la promotion d'un pompier professionnel et le second concerne le comportement d'un pompier au regard de sa hiérarchie.

DOSSIER 1 : Le recrutement

CAS SDIS : Recruter un fonctionnaire

Jean F. est nouveau dans la fonction de président du conseil d'administration. Dans le cadre de ses attributions, il gère les ressources humaines. Il a peu de connaissances en ce qui concerne le recrutement dans le secteur public. Pourtant, à la suite d'une mutation, il doit recruter pour une caserne un capitaine. Celui-ci aura comme mission spécifique d'assister le chef de centre.

TRAVAIL DEMANDÉ

1 Rédigez une note qui distingue les notions de cadre d'emplois (ou corps), de grade et d'échelon.

2 Rédigez l'annonce de recrutement du capitaine.

Un lieutenant (grade immédiatement inférieur à celui de capitaine) Marc C., présent depuis environ huit ans dans la caserne, souhaite obtenir ce poste.

3 Vérifiez cette possibilité.

DOCUMENT 1 Les attentes du poste

Mission générale
- Seconder le chef de centre dans la direction opérationnelle, administrative et technique du centre d'incendie et de secours et le suppléer en son absence.
- Seconder le chef de groupement dans la coordination et le contrôle des activités des centres d'incendie et de secours du groupement territorial.
- Suppléer le chef de groupement en son absence dans toutes les missions.

Missions spécifiques
- Gérer le potentiel opérationnel.
- Assurer la gestion administrative, financière et technique.
- Assurer la gestion des ressources humaines.
- Coordonner les centres d'incendie et de secours de son groupement.

Profils demandés
- *Savoir :* connaissance des matériels et des techniques d'intervention.
- *Savoir-faire :* techniques d'animation de groupes et de réunions, technique de gestion des conflits, technique de management et de communication, expérience dans le commandement opérationnel et l'encadrement des personnels.
- *Savoir-être :* rigueur, loyauté, aptitude physique, pédagogie, diplomatie.

DOCUMENT 2 Grille indiciaire de la fonction publique territoriale

CADRE D'EMPLOI	FILIÈRE	CAT.	GRADES
taper un mot clé	Sapeur-pompier	Toutes	taper un mot clé
Capitaine, commandant, lieutenant-colonel et colonel de sapeur-pompier professionnel	Sapeur Pompier	A	Colonel
			Lieutenant-colonel
			Commandant
			Capitaine

DOCUMENT 3

Grille indiciaire de capitaine des sapeurs-pompiers professionnels

Grille indiciaire Capitaine

Cadre d'emploi : **Capitaine, commandant, lieutenant-colonel et colonel de sapeur-pompier professionnel**
Grade : **Capitaine**
Filière : **Sapeur-pompier**
Catégorie : **A**

Échelon	Indice brut	Indice majoré	Mini	Maxi	Salaire brut
1	379	349	1 an 6 mois	1 an 6 mois	1 615,97 €
2	430	380	1 an	1 an	1 759,51 €
3	458	401	2 ans	2 ans 6 mois	1 856,75 €
4	492	425	2 ans 3 mois	3 ans	1 967,88 €
5	540	459	2 ans 9 mois	3 ans 6 mois	2 125,31 €
6	588	496	2 ans 9 mois	3 ans 6 mois	2 296,63 €
7	621	521	3 ans	4 ans	2 412,39 €
8	668	557	3 ans	4 ans	2 579,08 €
9	710	589	3 ans	4 ans	2 727,25 €
10	750	619	–	–	2 866,16 €

DOCUMENT 4

Note de l'avocat du SDIS

À : direction@sdis56.fr
Objet : Recrutement

Monsieur,

Voici les informations que vous m'avez demandées concernant le recrutement.

- Comme, en matière de droit privé, aucune discrimination, directe ou indirecte, ne peut être faite entre les agents en raison de leurs opinions politiques, syndicales, philosophiques ou religieuses, aucune distinction, directe ou indirecte, ne peut être faite non plus en raison de leur origine, nom de famille, appartenance ou non-appartenance, réelle ou supposée, à une ethnie ou une race, sexe, orientation sexuelle, handicap, âge, état de santé, apparence physique.
- Des distinctions peuvent être faites entre les agents afin de tenir compte d'éventuelles inaptitudes physiques à exercer certaines fonctions. Ainsi, des conditions d'âge peuvent être fixées pour :
  - le recrutement des fonctionnaires dans les corps ou cadres d'emplois menant à des emplois classés dans la catégorie active (officier de la police nationale, sapeurs-pompiers, etc.) ;
  - la carrière des fonctionnaires lorsque ces conditions d'âge résultent d'exigences professionnelles, justifiées par l'expérience ou l'ancienneté (ex. : conditions d'âge fixées pour l'accès à certains corps ou cadres d'emplois par promotion interne).

J'espère que ces informations vous seront utiles pour mener à bien votre mission de recrutement.

Cordialement,

Maître Isalyne Berchoux

Fonctionnaire
→ lexique, p. 158

DOSSIER 2 : Les droits et obligations des fonctionnaires

CAS SDIS : La promotion d'un fonctionnaire

Lors de la réunion hebdomadaire, le chef de centre évoque avec le président du conseil d'administration du SDIS et l'avocat de la caserne le comportement d'un sapeur-pompier, Marc C., qui a accordé une interview au journal régional après le refus de ses supérieurs de lui accorder la promotion demandée.

Ils sont ennuyés par les propos, car ils nuisent à la réputation de la caserne et de ses membres.

TRAVAIL DEMANDÉ

1. **Qualifiez juridiquement les faits.**
2. **Formulez le problème juridique.**
3. **Retrouvez la règle de droit applicable.**
4. **Conseillez le président du CA sur les mesures à prendre.**

DOCUMENT 1 Le droit de réserve du fonctionnaire

[...] Considérant, en second lieu, que pour annuler l'arrêté du 11 juin 2010 portant sanction disciplinaire, le tribunal administratif de Poitiers s'est également fondé sur le fait que les manquements allégués au devoir hiérarchique et au devoir de réserve n'étaient pas établis par le contenu de trois courriers électroniques, datés des 2 et 4 novembre 2009 qui « ne révèlent pas des agissements dont la gravité serait incompatible avec les fonctions exercées par M. C... » et du 16 février 2010, dès lors qu' « il n'était pas établi qu'il en serait l'auteur » ; que, toutefois, il ressort des pièces du dossier que par un courrier électronique daté du 16 février 2010 dont il est établi que M. C... est l'auteur, contrairement à ce qu'a estimé le tribunal, celui-ci a adressé à tous les syndicats du conseil général des Deux-Sèvres un précédent message électronique daté du 31 octobre 2009, qui était lui-même la retranscription d'un message rédigé sous un pseudonyme, par Mme A..., directrice des ressources humaines, découvert par M. C... sur un forum de discussions entre amateurs de voyages et relatant son souvenir personnel lors d'un voyage en Asie en 2001 ; qu'en particulier, en révélant ainsi des éléments appartenant à la vie privée de Mme A..., alors qu'elle venait d'être nommée dans les fonctions de directrice des ressources humaines du département, M. C... a manifestement eu l'intention de nuire à sa réputation et à sa crédibilité professionnelle, de manière répétée, en portant des accusations désobligeantes dépassant la liberté de ton pouvant être tolérée dans le cadre de relations normales de travail ; que la divulgation des éléments de la vie privée de la directrice des relations humaines, par courrier électronique daté du 16 février 2010, à toutes les organisations syndicales du conseil général est constitutive d'une nouvelle faute professionnelle, de nature à justifier une sanction disciplinaire, dès lors que cette faute n'avait pas été sanctionnée par le blâme reçu par M. C... le 9 avril 2010 pour des faits différents ; que, dans ces conditions, le département des Deux-Sèvres est fondé à soutenir que c'est à tort que, par le jugement attaqué, le tribunal administratif de Poitiers a également retenu ce motif pour annuler la décision contestée ; [...]

Décision de la cour administrative d'appel, 26 mars 2013 (extrait)

DOCUMENT 2 Extrait de l'interview de Marc C. publié dans le journal régional

« La caserne va de mal en pis. Le budget alloué est de plus en plus faible et le personnel chargé de la gestion pas vraiment compétent. Je pense qu'il faut alerter la population sur ce qui se passe. Nous avons de plus en plus de mal à remplacer le matériel, qu'il s'agisse des camions, des lances à incendie ou même des sirènes… Ce pourrait être presque drôle si ce n'était pas à pleurer. »

« Même la gestion des hommes laisse à désirer : moi, par exemple, voici quatorze ans que je suis lieutenant et pas une promotion. Un poste de capitaine vient de se libérer et au lieu de promouvoir le personnel interne à la caserne, on préfère aller recruter une personne extérieure…

De toute façon, depuis le changement de chef de centre, rien ne va plus. Quant au nouveau président du conseil d'administration, il ne connaît rien à la gestion d'une caserne. »

DOCUMENT 3 Vos notes prises lors de la réunion hebdomadaire

L'agent public doit être le premier gardien des principes déontologiques inhérents à l'exercice d'une activité de service public. Il est l'image du service public… Il doit donc savoir « se tenir ».

- *L'obligation de réserve n'est pas définie dans le statut général des fonctionnaires de 1983. Elle est imposée par le juge administratif qui attend que chaque agent public s'exprime avec une certaine retenue sur son administration et les membres qui la composent. Afin de respecter le principe de subordination hiérarchique et de neutralité du service public, l'agent doit éviter toute manifestation d'opinion de nature à porter atteinte à l'autorité de la fonction. Il lui est aussi interdit de tenir en public des propos outranciers visant les supérieurs hiérarchiques ou dévalorisant l'administration. Ce devoir de réserve s'impose aux agents dans l'exercice de leur fonction, mais aussi en dehors de leur service. L'obligation de réserve doit être différenciée de l'obligation de discrétion.*
- *L'obligation de discrétion concerne les documents et les informations dont l'agent a connaissance dans ses fonctions et qu'il ne peut communiquer, sauf s'ils sont communicables aux administrés sur le fondement de la loi du 17 juillet 1978 relative à l'accès aux documents administratifs.*
- *Le respect de l'obligation de réserve s'apprécie selon la nature des fonctions, des circonstances et du contexte dans lesquels l'agent s'est exprimé. Ainsi, plus le niveau hiérarchique du fonctionnaire est élevé, plus son obligation de réserve est stricte. De même, plus les propos ont une audience importante, plus l'obligation de réserve est bafouée.*
- *Le non-respect de cette obligation de réserve est susceptible de constituer une faute disciplinaire. Il appartient à l'autorité hiérarchique d'apprécier s'il y a manquement à l'obligation et dans quelle mesure. La sanction varie en fonction de la faute de l'agent : blâme, suspension, retrait de l'agrément, etc.*

  Ex. : pour avoir publié un livre pamphlet sur l'administration, la fonctionnaire Zoé Shepard est condamnée par le conseil de discipline, en août 2010, à dix mois de suspension, dont six avec sursis pour manquement à l'obligation de discrétion, manquement à l'obligation de réserve et comportement fautif à l'égard de sa hiérarchie.

1 Le recrutement dans la fonction publique

La règle de principe du recrutement des fonctionnaires est celle du **concours** au terme duquel les meilleurs candidats sont admis.

En effet, le concours apparaît comme le plus efficace des systèmes. Il permet, d'une part, d'**assurer l'égalité d'accès des candidats en évitant les discriminations à l'embauche** et, d'autre part, de **vérifier les compétences des candidats**.

Si ce système n'est pas le plus satisfaisant, il semble être en tout cas le moins mauvais, car d'autres solutions n'apportent pas les garanties d'impartialité et de compétence suffisantes.

Il convient néanmoins de préciser que, dans la fonction publique territoriale (FPT), et contrairement à la règle qui prévaut dans la fonction publique d'État, l'admission au concours ne signifie pas l'affectation immédiate à un poste. Les candidats admis dans la FPT sont, en effet, inscrits sur une liste d'aptitude et doivent ensuite postuler eux-mêmes à un emploi.

Pour se porter candidat à un concours de la fonction publique, il faut satisfaire à des conditions d'âge, de diplômes, avoir la nationalité française (ou, dans certains cas qui tendent à se multiplier, celle d'un des pays de l'Union européenne) et jouir de ses droits civiques. [...]

www.vie-publique.fr

2 Quelles sont les différences entre catégorie, corps, cadre d'emplois, grade et échelon ?

Chaque fonctionnaire appartient à un corps ou un cadre d'emplois relevant d'une catégorie hiérarchique. Dans ce corps ou cadre d'emplois, il est titulaire d'un grade et, dans ce grade, d'un échelon.

- **Corps et cadres d'emplois** : les corps ou cadres d'emplois regroupent des fonctionnaires soumis à un même ensemble de règles appelé « statut particulier » et fixé par décret. Le corps concerne les **fonctions publiques d'État et hospitalière**. Le cadre d'emplois concerne la **fonction publique territoriale**. Les statuts particuliers fixent, pour chaque corps ou cadre d'emplois, les conditions de recrutement, de rémunération, de déroulement de carrière, etc.
- **Catégories** : les corps et cadres d'emplois sont classés en trois catégories hiérarchiques [...].

Catégories	Niveaux de recrutement
A	Bac + 3 au minimum
B	Baccalauréat minimum
C	Diplôme de niveau V ou V bis (CAP, BEP, Brevet des collèges) ou pas de diplôme

- **Grades** : les corps ou cadres d'emplois comprennent un ou plusieurs grades selon leur statut particulier. Lorsqu'il y a plusieurs grades, ils sont hiérarchisés. Sauf exception, l'accès à un corps ou cadre d'emplois s'effectue sur le grade le moins élevé ou grade de début de carrière. Ensuite, au cours de la carrière, il est possible d'accéder aux grades supérieurs par avancement de grade. [...] L'avancement de grade n'est pas un droit.
- **Échelons** : chaque grade comprend plusieurs échelons. L'ensemble des échelons constitue l'échelle indiciaire du grade. Le nombre d'échelons de chaque grade est fixé par le statut particulier du corps ou cadre d'emplois auquel il appartient. L'échelon détermine la rémunération du fonctionnaire. À chaque échelon correspond un indice brut (dit « indice de carrière ») auquel correspond à son tour un indice majoré (dit « indice de rémunération ») auquel correspond enfin un traitement de base. En principe, l'accès au grade s'effectue sur le premier échelon. Ensuite, au cours de la carrière, le fonctionnaire accède aux échelons plus élevés par avancement d'échelon. Les conditions d'avancement d'échelon sont fixées par le statut particulier. L'avancement d'échelon est un droit.

www.service-public.fr

3 Les droits et obligations des fonctionnaires

Droits des fonctionnaires

- **Principe de non-discrimination** (art. 6 et 6 bis) : la liberté d'opinion est garantie aux fonctionnaires. Aucune distinction, directe ou indirecte, ne peut être faite entre les fonctionnaires en raison de leur sexe, leurs opinions politiques […].
- **Droit à la rémunération** (art. 20) : les fonctionnaires ont droit, après service fait, à une rémunération comprenant le traitement, l'indemnité de résidence, le supplément familial de traitement, ainsi que de diverses primes et indemnités. Ce droit constitue une garantie fondamentale du fonctionnaire. […]
- **Protection juridique** (art. 11) : […] la collectivité publique est tenue de protéger le fonctionnaire contre les menaces, violences, voies de fait, injures, diffamations ou outrages dont ils pourraient être victimes à l'occasion de leurs fonctions et de réparer le préjudice qui en résulte. […]

Obligations des fonctionnaires

- **L'obligation de service** (art. 25) : le fonctionnaire consacre l'intégralité de son activité professionnelle aux tâches qui lui sont confiées. […]
- **L'obligation d'obéissance hiérarchique** (art. 28) : tout fonctionnaire est responsable des tâches qui lui sont confiées. Il doit se conformer aux instructions de son supérieur hiérarchique, excepté si l'instruction est manifestement illégale et de nature à troubler gravement un intérêt public. […]
- **L'obligation de secret professionnel** (art. 26) : dans l'exercice de ses responsabilités, le fonctionnaire peut, quel que soit son grade, avoir connaissance de faits intéressant les particuliers, ou de projets dont la divulgation mettrait en cause le fonctionnement du service public.
- **L'obligation de discrétion professionnelle** (art. 26) : le fonctionnaire doit rester discret sur son activité professionnelle pour tous les faits, informations ou documents dont il a connaissance dans l'exercice ou à l'occasion de l'exercice de ses fonctions. […] Contrairement à l'obligation de secret, tout manquement à l'obligation de discrétion n'est pas pénalement sanctionné. Cependant, en cas de non-respect de cette obligation, l'agent est passible de sanctions disciplinaires.
- **L'obligation de réserve** : elle ne figure pas dans les textes du statut, mais a été développée par la jurisprudence. Il est interdit au fonctionnaire d'exprimer ses opinions personnelles à l'intérieur ou à l'extérieur du service, dès lors que ses propos entravent le fonctionnement du service ou jettent le discrédit sur l'administration. Ses opinions ne doivent pas être exprimées de façon outrancière et inconsidérée. Il appartient donc à l'autorité territoriale d'apprécier l'application de cette liberté. L'agent qui occupe une fonction d'autorité est soumis plus sévèrement à cette obligation.

www.cdg59.fr

vidéo sur le web 4' 31"
Le statut du fonctionnaire
lienmini.fr/d261fonctionnaire

Complément web
Découvrir les fonctions publiques
lienmini.fr/d261compl18

Avant de commencer QCM

Le statut de fonctionnaire

Testez vos connaissances sur le chapitre 6 à l'aide d'un QCM interactif. Connectez-vous sur lienmini.fr/d261exo06

Maxence

OBJECTIF **Résoudre un cas pratique** → Fiche Méthode 6, p. 153

SITUATION JURIDIQUE

Maxence est en 1re L. À la fin d'un cours où il est retenu par M. Tavernier, enseignant, pour ses retards et absences, Maxence sous-entend qu'il est victime de violence dans le lycée. Il explique qu'en arrivant en retard, il évite certaines personnes qu'il ne veut pas rencontrer, dont un surveillant qu'il ne nomme pas. L'enseignant lui propose de se rendre avec lui au commissariat afin qu'il dépose plainte. Maxence s'y oppose et fait promettre à l'enseignant qu'il ne dira rien à personne sur sa situation.

En rentrant chez lui, M. Tavernier ne sait trop que faire : dévoiler l'information ou respecter le secret professionnel ? Et si ces informations étaient fausses ?

1. **Qualifiez les faits.**
2. **Présentez la règle juridique applicable.**
3. **Concluez sur l'obligation de secret professionnel de M. Tavernier.**

ANNEXE 1 Le secret professionnel et le Code pénal

L'article 226-13 du Code pénal en vigueur le 1er janvier 2002 énonce que « la révélation d'une information à caractère secret par une personne qui en est dépositaire soit par état ou par profession, soit en raison d'une fonction ou d'une mission temporaire, est punie d'un an d'emprisonnement et de 15 000 € d'amende. »

ANNEXE 2 Le secret professionnel et les fonctionnaires

Les fonctionnaires sont tenus au secret professionnel dans le cadre des règles instituées dans le Code pénal. Les fonctionnaires doivent faire preuve de discrétion professionnelle pour tous les faits, informations ou documents dont ils ont connaissance dans l'exercice ou à l'occasion de l'exercice de leurs fonctions. En dehors des cas expressément prévus par la réglementation en vigueur, notamment en matière de liberté d'accès aux documents administratifs, les fonctionnaires ne peuvent être déliés de cette obligation de discrétion professionnelle que par décision expresse de l'autorité dont ils dépendent.

Article 26 de la loi n° 83-634 du 13 juillet 1983 portant droits et obligations des fonctionnaires

ANNEXE 3 Le secret professionnel et ses limites

Principe

Un agent public ne doit pas divulguer les informations personnelles dont il a connaissance. Cette obligation s'applique aux informations relatives à la santé, au comportement, à la situation familiale d'une personne, etc.

Dérogations

Le secret professionnel peut être levé sur autorisation de la personne concernée par l'information.

La levée du secret professionnel est obligatoire pour assurer :

- la protection des personnes (révélation de maltraitances, par exemple) ;
- la préservation de la santé publique (révélation de maladies nécessitant une surveillance, par exemple) ;
- la préservation de l'ordre public (dénonciation de crimes ou de délits) et le bon déroulement des procédures de justice (témoignages en justice, par exemple).

En outre, les administrations doivent répondre aux demandes d'information de l'administration fiscale. [...]

www.vosdroits.service-public.fr

ANNEXE 4 La dénonciation calomnieuse

La dénonciation, effectuée par tout moyen et dirigée contre une personne déterminée, d'un fait qui est de nature à entraîner des sanctions judiciaires, administratives ou disciplinaires et que l'on sait totalement ou partiellement inexact, lorsqu'elle est adressée soit à un officier de justice ou de police administrative ou judiciaire, soit à une autorité ayant le pouvoir d'y donner suite ou de saisir l'autorité compétente, soit aux supérieurs hiérarchiques ou à l'employeur de la personne dénoncée, est punie de cinq ans d'emprisonnement et de 45 000 euros d'amende.

La fausseté du fait dénoncé résulte nécessairement de la décision, devenue définitive, d'acquittement, de relaxe ou de non-lieu déclarant que la réalité du fait n'est pas établie ou que celui-ci n'est pas imputable à la personne dénoncée.

En tout autre cas, le tribunal saisi des poursuites contre le dénonciateur apprécie la pertinence des accusations portées par celui-ci.

Article 226-10 du Code pénal

LES FONCTIONS PUBLIQUES

TROIS FONCTIONS PUBLIQUES

- La fonction publique d'État
- La fonction publique hospitalière
- La fonction publique territoriale

mais

DES PRINCIPES COMMUNS

- **Le recrutement sur concours**
- **La rémunération basée sur la catégorie hiérarchique**
  - Le corps ou le cadre d'emplois
  - Le grade
  - L'échelon

et

UN STATUT GÉNÉRAL

avec

- **Des droits**
  - Droit de non-discrimination
  - Droit à rémunération
  - Droit à la protection fonctionnelle
- **Des obligations**
  - Obligation de service
  - Obligation d'obéissance hiérarchique
  - Obligation de secret professionnel
  - Obligation de discrétion professionnelle
  - Obligation de réserve

CHAPITRE 7

Le statut de travailleur indépendant

Les principes communautaires et constitutionnels affirment le droit d'accès à une activité professionnelle. Le choix de cette activité entraîne l'application d'un ou de plusieurs régimes juridiques. Quel que soit le régime, l'accès à l'activité est encadré par le législateur. Chaque régime confère des droits et crée des obligations. L'exercice d'une activité professionnelle nécessite de la part de l'individu de choisir un régime juridique de travail en fonction de critères qui lui sont personnels, notamment la stabilité de l'emploi, l'indépendance, la rémunération, la protection sociale et le risque…

L'étude du cas BEKO va permettre d'aborder :

Dossier 1. L'accès à la profession

Dossier 2. Les droits et les obligations des travailleurs indépendants

LES COMPÉTENCES

- Identifier les différents régimes juridiques d'exercice de l'activité professionnelle et leurs effets dans une situation donnée
- Vérifier la légalité des formalités et des conditions d'accès à une profession et d'une procédure de recrutement

LES NOTIONS

- Déclaration d'existence
- Droit d'accès à la profession
- Indépendance
- Déontologie

CAS BEKO

Myriam Beko, de nationalité belge, vit en France depuis plus de quinze ans. Elle est juriste d'entreprise depuis maintenant douze ans. Après avoir exercé pendant trois ans en tant que juriste dans un cabinet d'avocats spécialisés dans la propriété intellectuelle, elle travaille depuis neuf ans dans une société d'édition musicale très connue (4M) qui gère les œuvres des auteurs-compositeurs. Myriam a la charge de la négociation et de la rédaction des contrats (ex. : cession de droits d'auteur, distribution de l'œuvre, etc.). Dans ce cadre, elle est devenue une spécialiste du droit de la propriété intellectuelle.

Lors de l'entretien annuel d'évaluation, le directeur de la société, très satisfait du travail fourni par Myriam, lui a fait une proposition. Il souhaite qu'elle devienne avocate et lui propose de l'aider à ouvrir son cabinet. Il s'engage à lui confier les dossiers conflictuels de la société. Myriam est enchantée de la proposition et est prête à cette évolution d'emploi, mais a besoin d'informations complémentaires sur ce changement de statut.

Vous êtes stagiaire dans la société 4M. Le directeur vous confie l'étude préalable des deux dossiers en relation avec le changement de statut juridique de Myriam. Vous disposez pour cela des Documents **et** Notions**.**

DOSSIER 1 : L'accès à la profession

CAS BEKO : Les conditions d'accès à la profession d'avocat

Myriam dispose d'un master 2 Droit de la propriété intellectuelle appliquée obtenu en France.

Le directeur de la société 4M et elle souhaitent obtenir des informations concernant l'accès à la profession d'avocat afin de voir dans quelles conditions leur projet pourra être mis en place.

TRAVAIL DEMANDÉ

1. **Retrouvez les différentes conditions d'accès à la profession d'avocat en différenciant les conditions de capacité, de nationalité et d'exercice.**
2. **Vérifiez la possibilité de Myriam d'accéder à cette profession en France.**

DOCUMENT 1 Devenir avocat

Nul ne peut accéder à la profession d'avocat s'il ne remplit les conditions suivantes :
1° Être français, ressortissant d'un État membre des Communautés européennes ou partie à l'accord sur l'Espace économique européen, ou ressortissant d'un État ou d'une unité territoriale n'appartenant pas à ces Communautés ou à cet espace économique qui accorde aux Français la faculté d'exercer sous les mêmes conditions l'activité professionnelle que l'intéressé se propose lui-même d'exercer en France, sous réserve des décisions du conseil des Communautés européennes relatives à l'association des pays et territoires d'outre-mer à la Communauté économique européenne ou avoir la qualité de réfugié ou d'apatride reconnue par l'Office français de protection des réfugiés et apatrides ;
2° Être titulaire, sous réserve des dispositions réglementaires prises pour l'application de la directive 2005/36/CE du Parlement européen et du Conseil du 7 septembre 2005, et de celles concernant les personnes ayant exercé certaines fonctions ou activités en France, d'au moins une maîtrise en droit ou de titres ou diplômes reconnus comme équivalents pour l'exercice de la profession par arrêté conjoint du garde des Sceaux, ministre de la Justice, et du ministre chargé des universités ;
3° Être titulaire du certificat d'aptitude à la profession d'avocat, sous réserve des dispositions réglementaires mentionnées au 2°, ou, dans le cadre de la réciprocité, de l'examen prévu au dernier alinéa du présent article ;
4° N'avoir pas été l'auteur de faits ayant donné lieu à condamnation pénale pour agissements contraires à l'honneur, à la probité ou aux bonnes mœurs ;
5° N'avoir pas été l'auteur de faits de même nature ayant donné lieu à une sanction disciplinaire ou administrative de destitution, radiation, révocation, de retrait d'agrément ou d'autorisation ;
6° N'avoir pas été frappé de faillite personnelle ou d'autre sanction en application du titre VI de la loi n° 85-98 du 25 janvier 1985 relative au redressement et à la liquidation judiciaires des entreprises […].
[…] L'avocat ressortissant d'un État ou d'une unité territoriale n'appartenant pas aux Communautés européennes ou à l'Espace économique européen, s'il n'est pas titulaire du certificat d'aptitude à la profession d'avocat, doit subir, pour pouvoir s'inscrire à un barreau français, les épreuves d'un examen de contrôle des connaissances en droit français selon des modalités fixées par décret en Conseil d'État. Il en est de même d'un ressortissant d'un État membre des Communautés européennes ou partie à l'accord sur l'Espace économique européen qui aurait acquis la qualité d'avocat dans un État ou une unité territoriale n'appartenant pas à ces Communautés et qui ne pourrait invoquer le bénéfice des dispositions réglementaires prises pour l'application de la directive 2005/36/CE du 7 septembre 2005.

Loi n° 71-1130 du 31 décembre 1971 portant réforme de certaines professions judiciaires et juridiques (extrait de l'article 11)

DOCUMENT 2 Les voies d'accès dérogatoires

Articles 97 et 98

Sont dispensés de la condition de diplôme, de la formation théorique et pratique, du certificat d'aptitude à la profession d'avocat (C.A.P.A.), les professeurs d'université chargés d'un enseignement juridique et certaines professions judiciaires telles que les magistrats (article 97). Sont dispensés de la formation théorique et pratique et du C.A.P.A., les juristes d'entreprise ou d'une organisation syndicale, salariés des cabinets d'avocat et certaines professions judiciaires justifiant d'une expérience professionnelle d'au moins huit années (article 98). Ils devront au préalable passer un examen de contrôle des connaissances en déontologie. Une formation obligatoire de vingt heures est organisée par les écoles d'avocats aux fins de préparation à cet examen.

Conseil National des Barreaux

Articles 99

Les ressortissants européens sont dispensés de la formation pratique et du CAPA s'ils remplissent des conditions de diplômes et d'exercice professionnel, mais sont soumis, dans certains cas, à un examen d'aptitude. Les demandes doivent être adressées au Conseil national des barreaux. Le candidat doit prouver qu'il remplit toutes les conditions requises pour être avocat dans son État d'origine et qu'il y a achevé, lorsque cela est requis, le stage professionnel d'avocat en plus du cursus universitaire et des examens de qualification ou d'habilitation professionnelle. [...]

Article 100

Les ressortissants non européens sont dispensés de la formation pratique et du C.A.P.A. s'ils remplissent des conditions de diplômes et d'exercice professionnel, mais sont soumis à un examen de contrôle des connaissances en droit français. Les demandes doivent être adressées au Conseil national des barreaux. L'examen de contrôle des connaissances comprend :

– deux épreuves écrites d'une durée de trois heures chacune [...] ;

– deux épreuves orales [...].

Une dispense d'épreuves de l'examen peut être prononcée par le Conseil national des barreaux au vu des travaux universitaires ou scientifiques du candidat qui la sollicite (mémoires, thèses, articles ou ouvrages rédigés et publiés). Cela signifie que le Conseil national ne prend pas en compte l'expérience professionnelle ou les diplômes du candidat.

Déontologie
→ lexique, p. 158

Compléments web

Devenir avocat
lienmini.fr/d261compl19

Décret n° 91-1197 du 27 novembre 1991 organisant la profession d'avocat
lienmini.fr/d261compl20

DOSSIER 2 : Les droits et obligations des travailleurs indépendants

CAS BEKO : Le statut juridique de la profession d'avocat

Myriam est maintenant avocate. Comme promis, le directeur de la société 4M l'aide à s'installer. De nombreuses démarches restent à faire pour créer son entreprise. Vous avez donc collecté différentes informations auprès d'organismes professionnels afin de répondre aux interrogations de Myriam.

TRAVAIL DEMANDÉ

Travailleur indépendant
→ lexique, p. 159

1. **Retrouvez le statut (commerçant, artisan ou profession libérale) applicable à Myriam.**
2. **Relevez le principal avantage et le principal inconvénient du statut de travailleur indépendant.**
3. **Présentez, dans une note à destination de Myriam, les différentes démarches à réaliser pour s'installer en tant qu'avocat.**
4. **Montrez l'importance de la déontologie dans ce métier.**

DOCUMENT 1 Inscription au barreau

Madame,

Vous venez d'obtenir le Certificat d'Aptitude à la Profession d'Avocat.

Dans ce cadre, vous avez demandé votre inscription au barreau de Paris ; le service de l'exercice professionnel (SEP) vous offre la possibilité de constituer, dès à présent, votre dossier et de procéder à votre pré-inscription en ligne.

Dès que vous aurez complété et validé le formulaire de pré-inscription, il vous sera proposé d'envoyer les informations saisies au SEP qui sera ainsi informé de votre projet de vous inscrire au barreau de Paris à l'occasion de votre prestation de serment.

Un courriel vous sera adressé vous demandant de confirmer vos coordonnées.

Dès que vous aurez validé vos coordonnées, votre nom figurera sur notre liste des candidats à la prestation de serment, ce qui facilitera le suivi de votre dossier.

Comme vous le savez, tout jeune avocat doit prêter serment avant de pouvoir exercer, lors d'une cérémonie au cours de laquelle chacun s'engage solennellement à respecter les principes essentiels de la profession d'avocat. « Je jure, comme avocat, d'exercer mes fonctions avec dignité, conscience, indépendance, probité et humanité. » C'est une déclaration d'indépendance de l'avocat vis-à-vis des pouvoirs publics. Aujourd'hui, il constitue le socle de la déontologie du métier bâtie sur les principes fondateurs que sont la délicatesse, l'indépendance et la confidentialité. Le serment engage l'avocat, pour toute sa vie professionnelle, à l'acceptation sans réserve de ces règles morales et juridiques. S'y ajoutent également, sans toutefois être exprimés à l'occasion du serment, les principes « d'honneur, de loyauté, de désintéressement, de confraternité, de modération et de courtoisie ».

Pour prendre rendez-vous afin de déposer votre dossier complet, appelez le SEP.

© Ordre des Avocats de Paris

DOCUMENT 2 Les démarches administratives d'installation

1. La déclaration d'activité

Toute activité en indépendant doit être déclarée au centre de formalités des entreprises (CFE) dans les huit jours qui suivent le début de l'activité.

Le CFE compétent peut se trouver :

- à l'Union de recouvrement des cotisations de Sécurité sociale et d'allocations familiales (Urssaf) pour les entreprises individuelles ;
- à la chambre de commerce et d'industrie pour les structures commerciales (SARL, EURL) ;
- au greffe du tribunal de commerce pour les structures civiles (SELARL, société d'exercice libéral à forme anonyme – SELAFA – ou société d'exercice libéral en commandite par actions – SELCA).

Le CFE centralise toutes les démarches administratives auprès des cinq organismes concernés : caisse d'assurance maladie, caisse d'assurance vieillesse, Urssaf, centre des impôts et Institut national de la statistique et des études économiques (Insee).

2. Les inscriptions professionnelles

Pour les professions réglementées, subordonnées à un ordre, il est nécessaire de s'inscrire auprès de l'Ordre avant le début de l'activité.

3. L'assurance de votre activité

Afin de se prémunir des risques inhérents à leurs responsabilités, les membres des professions libérales sont le plus souvent obligés de contracter une assurance professionnelle garantissant le paiement des dommages-intérêts auxquels ils peuvent être condamnés.

Ainsi, sont notamment tenus d'assurer leur responsabilité professionnelle : les professionnels de santé, les avocats, les notaires, les experts-comptables, les architectes (sauf lorsqu'ils sont salariés d'un autre architecte ou d'une société d'architecture). Par ailleurs, la responsabilité professionnelle des avoués, huissiers et notaires est garantie par la bourse commune de leur compagnie.

Franz Chatelin – Banque Populaire Rives de Paris

DOCUMENT 3 Code pénal

Article 226-13

La révélation d'une information à caractère secret par une personne qui en est dépositaire soit par état ou par profession, soit en raison d'une fonction ou d'une mission temporaire, est punie d'un an d'emprisonnement et de 15 000 euros d'amende.

DOCUMENT 4 Les sanctions disciplinaires

Article 183

Toute contravention aux lois et règlements, toute infraction aux règles professionnelles, tout manquement à la probité, à l'honneur ou à la délicatesse, même se rapportant à des faits extra-professionnels, expose l'avocat qui en est l'auteur aux sanctions disciplinaires énumérées à l'article 184.

Article 184

Les peines disciplinaires sont :

1° L'avertissement ;

2° Le blâme ;

3° L'interdiction temporaire, qui ne peut excéder trois années ;

4° La radiation du tableau des avocats, ou le retrait de l'honorariat. [...]

Décret du 27 novembre 1991

Complément web

L'avocat, une profession soumise à des règles déontologiques
lienmini.fr/d261compl21

1 Le travailleur indépendant

Les formalités de création et les modalités de gestion d'une entreprise individuelle diffèrent en fonction de l'activité exercée par l'entreprise. Avant de la créer, il vous faut donc, dans un premier temps, déterminer si l'activité que vous projetez est de nature commerciale, artisanale ou libérale.

- **Le commerçant** : selon le Code de commerce, sont commerçantes les personnes qui effectuent des actes de commerce et en font leur profession habituelle. (Article L. 121-1) [...]
- **L'artisan** : [...] il exerce à titre principal ou secondaire une activité professionnelle indépendante de production, de transformation, de réparation ou de prestation de service à l'exclusion de l'agriculture et de la pêche. Ces activités figurent sur une liste établie qui vise expressément près de 250 activités. [...]
- **Professions libérales** : les professions libérales groupent les personnes exerçant à titre habituel, de manière indépendante et sous leur responsabilité, une activité de nature généralement civile. Cette activité a pour objet d'assurer, dans l'intérêt du client ou du public, des prestations principalement intellectuelles, techniques ou de soins mises en œuvre au moyen de qualifications professionnelles appropriées. [...]

www.netpme.fr

2 Des démarches simplifiées

Créateur d'entreprise, le centre de formalités des entreprises (CFE) est fait pour vous !
Finies les démarches longues et fastidieuses auprès des différents organismes.
Le centre de formalités des entreprises permet de réaliser l'ensemble des formalités d'immatriculation de toute nouvelle entreprise. À ce titre, il se charge de transmettre aux différents organismes les formalités qui les concernent (immatriculation par le greffe du tribunal, déclaration d'existence au centre des impôts...). Vous devez vous adresser au CFE compétent : la Chambre de commerce et d'industrie pour les commerçants, la Chambre des métiers pour les artisans et l'Urssaf pour les professions libérales.

- **Formalités juridiques** : vous devez faire une déclaration d'immatriculation auprès du centre de formalités des entreprises compétent, au plus tard dans les quinze jours suivant le début d'activité. Le CFE délivre alors gratuitement un récépissé de dépôt de dossier de création d'entreprise portant la mention « en attente d'immatriculation ». Dès la réception du dossier, le greffier procède à l'immatriculation dans le délai d'un jour franc ouvrable. À défaut, il doit vous exposer par écrit des motifs qui s'opposent à son inscription. Une fois l'immatriculation enregistrée, le greffe envoie quatre extraits complets de déclaration.
- **Formalités fiscales** : toujours par l'intermédiaire du CFE, une déclaration d'existence doit être déposée auprès du service des impôts des entreprises (SIE) dont dépend votre entreprise.
- **Formalités sociales** : les formalités sociales concernent essentiellement l'affiliation au régime de protection sociale. Cette affiliation est effectuée par le CFE auprès du Régime social des indépendants (RSI) qui est désormais l'interlocuteur social unique du travailleur indépendant.

Les auteurs

vidéo sur le web 4' 02" La protection sociale des travailleurs indépendants
lienmini.fr/d261tns

Patrimoine
→ lexique, p. 159

3 Le patrimoine des entrepreneurs indépendants

L'entrepreneur individuel dispose d'un seul et unique patrimoine composé de ses biens professionnels et de ses biens personnels (résidence principale ou secondaire, terrain...). En conséquence, en cas de difficultés, tous ses créanciers (professionnels ou personnels) peuvent faire saisir tous les biens qui composent son patrimoine. Pour pallier cet inconvénient, la loi avait, en 2003, instauré la faculté pour l'entrepreneur individuel de protéger ses biens fonciers, bâtis ou non bâtis, non affectés à l'usage professionnel, d'une saisie immobilière par ses créanciers professionnels en les déclarant insaisissables devant notaire. [...]

Toutefois, la déclaration d'insaisissabilité n'est désormais plus un passage obligé pour l'entrepreneur individuel qui souhaite soustraire sa résidence principale du patrimoine saisissable par ses créanciers professionnels. En effet, la récente loi Macron[1] est venue renforcer la protection de l'entrepreneur individuel en rendant insaisissable de plein droit sa résidence principale. En revanche, pour les autres biens fonciers personnels autres que la résidence principale, la déclaration d'insaisissabilité reste de vigueur.

Juliana Bazureau, www. business.lesechos.fr

1. Cette protection automatique ne vaut qu'à l'égard des créanciers professionnels dont les droits naissent après le 7 août 2015 (loi pour la croissance, l'activité et l'égalité des chances économiques du 6 août 2015).

4 La déontologie et le métier d'avocat : le secret professionnel

Première garantie des libertés individuelles

Le secret professionnel est l'une des règles fondamentales de la profession. Il s'agit d'un devoir pour tout avocat, qui en le respectant, garantit à tout citoyen l'absence d'ingérence des pouvoirs publics dans sa défense et ce quoi qu'il ait pu faire. C'est une garantie majeure dans un État de droit.

Une obligation absolue et d'ordre public

L'avocat doit garder confidentiel le contenu de ses discussions, de ses courriers avec ses clients, ainsi que les informations dont il a eu connaissance au cours de ses échanges avec l'avocat de l'adversaire. Le secret couvre toutes les confidences que l'avocat a pu recevoir à raison de son état ou de sa profession dans le domaine du conseil ou de la défense devant les juridictions, et ce quels qu'en soient les supports, matériels ou immatériels (papier, télécopie, voie électronique). Les correspondances entre avocats sont par nature confidentielles. Enfin, obligation absolue, le justiciable ne peut délivrer l'avocat du respect du secret professionnel.

Une obligation dont la violation est sanctionnée

La violation du secret professionnel est un délit pénal (article 226-13 et 226-14) et un manquement à la règle déontologique, susceptible d'entraîner parallèlement à l'instance pénale, des sanctions disciplinaires (avertissement, blâme, interdiction temporaire et radiation). [...]

© Ordre des Avocats de Paris

5 Organisation professionnelle des professions libérales

Un ordre professionnel est un organisme regroupant, sur un territoire donné, l'ensemble des membres d'une même profession libérale (médecins, avocats, etc.).

L'ordre, auprès de qui l'inscription est obligatoire, est chargé de l'organisation générale de profession (accès à la formation, etc.), de la défense des intérêts professionnels et d'une fonction juridictionnelle (pouvoir disciplinaire qui leur permet de sanctionner les membres en cas de non-respect des règles en vigueur, ces sanctions pouvant aller jusqu'à l'interdiction d'exercer).

Les auteurs

Avant de commencer QCM

Le statut de travailleur indépendant

Testez vos connaissances sur le chapitre 7 à l'aide d'un QCM interactif. Connectez-vous sur lienmini.fr/d261exo07

Aissatou

OBJECTIF **Résoudre un cas pratique** → Fiche Méthode 6, p. 153

SITUATION JURIDIQUE

Aissatou est conceptrice de logiciel de gestion dans une société depuis 5 ans. L'entreprise connaît des difficultés et son employeur lui a soumis l'idée de créer sa propre entreprise. Il lui propose de bénéficier d'un congé, non rémunéré, pour création d'entreprise et d'une aide financière.

Aissatou a de nombreux contacts intéressés par ses compétences et elle souhaite se lancer dans cette aventure. Elle aime beaucoup l'idée de devenir indépendante, gérer son temps de travail comme elle l'entend, choisir sa stratégie... Toutefois, elle souhaite bénéficier d'un minimum de protection si son affaire ne se développait pas.

Deux statuts juridiques s'offrent à elle : le statut de travailleur indépendant et le portage salarial.

1 **Mettez en évidence les avantages et inconvénients des deux statuts juridiques du travail évoqués.**

2 **Conseillez Aissatou sur le statut qui semble le mieux adapté.**

ANNEXE 1 Le portage salarial

Les principes du portage salarial

Une personne (généralement un consultant) effectue une prestation pour un client. Celui-ci verse les honoraires qui lui sont facturés auprès d'une société de portage qui les rétrocède au consultant sous forme de salaire, après déduction des cotisations sociales (patronales et salariales) et d'une commission.

L'opération de portage se caractérise par une opération triangulaire.

- Un contrat de prestation de service signé entre le consultant, la société de portage et le client. Il s'agit d'un contrat classique qui doit mentionner la nature de la prestation à effectuer, les dates de début et de fin de la mission, ainsi que les modalités de paiement.
- Un contrat de travail entre le consultant et la société de portage. Il est établi en même temps que le précédent contrat.
- Une convention d'adhésion peut également être signée entre ces mêmes personnes pour prévoir les modalités de refacturation des honoraires, ainsi que les prestations annexes proposées par les sociétés de portage.

En pratique, le recours au portage peut, selon les situations, être totalement occasionnel et ne concerner qu'une mission déterminée, ou bien se situer sur une période plus longue dans le cadre de missions récurrentes.

Les sociétés de portage salarial

Leur fonctionnement

Les sociétés de portage n'acceptent généralement que des missions de services [...].

Ces sociétés se rémunèrent en prélevant sur les prestations facturées une commission correspondant aux frais de gestion engagés. Celle-ci varie entre 5 et 15 %. Certaines structures pratiquent également un système dégressif en fonction du

ANNEXE 1 (SUITE) Le portage salarial

chiffre d'affaires réalisé par le consultant, et un système annualisé, le barème variant là encore en fonction du chiffre d'affaires réalisé chaque année. [...]

Leurs obligations

Seule une entreprise de portage salarial peut conclure des contrats de travail en portage salarial.

Les entreprises de portage salarial s'engagent à établir un contrat de travail à durée déterminée ou indéterminée au salarié porté, et à accomplir les formalités nécessaires et les déclarations sociales nécessaires.

Le temps de travail est déterminé dans le contrat de travail qui peut comporter une convention de forfait heures ou une convention de forfait annuel en jours.

La durée totale du contrat à durée déterminée ne peut excéder dix-huit mois compte tenu, le cas échéant, du renouvellement.

Elles établissent pour chaque prestation de portage un avenant au contrat à durée indéterminée reprenant les éléments essentiels du contrat initial modifié pour chaque nouvelle prestation telles que les modalités de réalisation, la durée de la prestation, le temps de travail et le montant de la rémunération.

Elles doivent réaliser un accompagnement du porté pour lui permettre de développer ses prestations. [...]

Elles doivent souscrire pour le compte du salarié porté une assurance garantissant la responsabilité civile professionnelle pour les dommages que le salarié porté pourrait provoquer chez le client pendant l'exécution de sa prestation.

Elles doivent également souscrire une garantie financière auprès d'un établissement habilité afin de garantir le paiement des sommes dues au salarié porté, ainsi que le versement des cotisations sociales en cas de défaillance de l'entreprise de portage salarial.

Elles ne sont pas tenues de fournir du travail au salarié porté.

Le statut du salarié porté

Les salariés portés justifient d'une expertise, d'une qualification et d'une autonomie qui leur permettent de rechercher eux-mêmes leurs clients et de convenir avec eux des conditions d'exécution de leur prestation et de leur prix. [...]

Les salariés portés assurent la prospection de leurs clients et négocient directement avec ces derniers le prix de la prestation à accomplir, et ils s'engagent à fournir à la société de portage tous les éléments permettant d'établir les contrats de prestation de service, le bulletin de paie et les comptes rendus d'activité.

Ils sont tenus de rendre compte de leur activité à l'entreprise de portage par la transmission d'un compte rendu d'activité permettant d'alimenter le compte d'activité géré par la société de portage. [...]

www.apce.com

ANNEXE 2 L'assurance chômage

[...] L'assurance chômage est un des écarts parmi les plus frappants puisque les travailleurs indépendants n'ont aucune couverture prévue dans le régime de base. Le risque de perte d'activité doit être assuré au travers d'une souscription volontaire s'ils veulent le couvrir.

En tout état de cause, les propositions faites par les différents assureurs sont loin de valoir le régime général des salariés. Si le consultant indépendant devait se couvrir dans des termes identiques, le coût qui lui serait alors proposé deviendrait pour lui prohibitif et il y a de fortes chances que les assureurs qui proposeraient un tel produit d'assurance se discréditeraient.

Ici, la comparaison est simple : dans le cas du salariat, il existe une protection qu'on qualifie d'excellente dans toute l'Europe ; dans le cas de l'indépendant, rien n'est prévu dans le régime général. [...]

Roland Bréchot, Vice-président de la société de portage salarial ITG
sur le blog www.leportagesalarial.com

LE STATUT DE TRAVAILLEUR INDÉPENDANT

UN MÊME STATUT

pour

DES ACTIVITÉS DIFFÉRENTES

- **Commerçant**
- **Artisan**
- **Profession libérale**

DES FORMALITÉS DE CRÉATION AUPRÈS D'UN GUICHET UNIQUE (CFE)

- **Formalités juridiques**
  - Demande d'immatriculation
  - Éventuellement, inscription auprès de l'Ordre de la profession
- **Formalité fiscale**
  - Déclaration d'existence auprès des Impôts
- **Formalité sociale**
  - Affiliation à un système de protection sociale

DES CONSÉQUENCES IDENTIQUES

- **La saisie du patrimoine personnel en cas de faillite sauf la résidence principale et/ou déclaration d'insaisissabilité**

avec cependant

DES DIFFÉRENCES POUR LES PROFESSIONS LIBÉRALES

- **Un accès réglementé pour nombre d'entre elles**
- **Des ordre professionnels qui les contrôlent**
- **Des règles de déontologie** (ex. : le secret professionnel pour les avocats)

CHAPITRE 8

Le choix d'un statut juridique du travail

L'exercice d'une activité professionnelle nécessite de la part de l'individu de choisir un régime juridique de travail en fonction de critères qui lui sont personnels, notamment la stabilité de l'emploi, l'indépendance, la rémunération, la protection sociale et le risque…

L'étude du cas Baptiste va permettre d'aborder :

Dossier 1. Le choix d'un statut adapté

LES COMPÉTENCES

- Identifier les différents régimes juridiques d'exercice de l'activité professionnelle et leurs effets dans une situation donnée
- Apprécier l'opportunité du choix d'un statut dans une situation donnée

LES NOTIONS

- Lien de subordination juridique
- Indépendance d'exercice
- Intérêt général
- Intérêt particulier
- Intérêt de l'entreprise

CAS BAPTISTE

Baptiste a obtenu un BTS Assistant de gestion PME-PMI. Après presque dix-huit mois d'emploi d'assistant de gestion en contrat de travail temporaire, il a obtenu un contrat à durée déterminée (CDD) dans une PME spécialisée dans la fabrication et la distribution de jouets. Son CDD (neuf mois) venant bientôt à terme, et l'entreprise ne pouvant le reconduire suite au retour du salarié remplacé, Baptiste est en quête d'un nouvel emploi. Il a trouvé plusieurs annonces intéressantes, mais, ne connaissant pas les différents statuts du travail et leurs effets, il hésite à postuler. De plus, certaines de ses connaissances ont créé des entreprises et souhaiteraient pouvoir disposer d'un assistant. Comme elles ne peuvent pas embaucher faute de moyens, elles lui proposent de créer sa propre entreprise afin de lui confier des dossiers à traiter.

Vous êtes stagiaire au sein du service Ressources humaines d'une entreprise de travail temporaire et avez acquis de bonnes connaissances en matière de statuts juridiques du travail. Baptiste, que vous connaissez depuis quelques années, vous consulte sur ce sujet.

DOSSIER 1 : Le choix d'un statut adapté

CAS BAPTISTE : Un statut adapté

Vous vous rendez chez Baptiste afin de le conseiller sur les différentes possibilités qui s'offrent à lui.

Il vous confie les annonces qu'il a trouvées afin que vous puissiez lui présenter clairement les enjeux de ses choix.

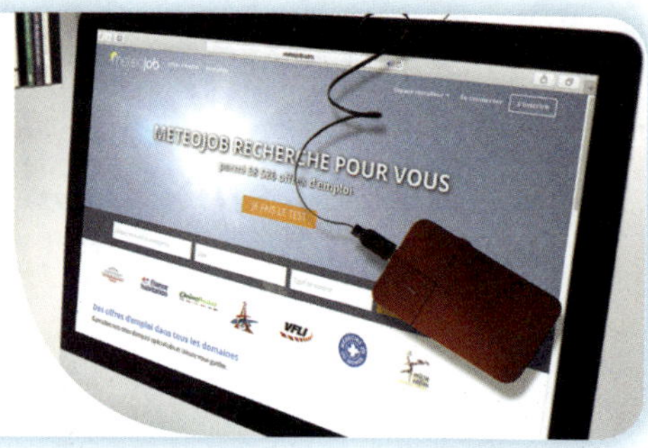

TRAVAIL DEMANDÉ

1. **Citez les différents statuts présentés dans les documents et leurs effets.**
2. **Mettez en évidence, à l'aide des connaissances acquises, les points communs et les différences de ces différents statuts.**
3. **Conseillez à Baptiste le statut le mieux adapté tenant compte de son expérience et de ses compétences.**

DOCUMENT 1 Annonce de recrutement n° 1

Assistant de Gestion H/F
Entreprise : **Fed Finance**
Contrat : **CDI**
Localisation : **Paris – 75**
Accessible aux travailleurs handicapés

Fed Finance
Intérim & Recrutement

Fed Finance, cabinet entièrement dédié aux recrutements temporaires et permanents des métiers de la finance, recherche pour un de ses clients, filiale de groupe spécialisée dans le secteur de la publicité, située dans le centre de Paris, un Assistant de Gestion H/F – CDI à pourvoir dès que possible.

Sous la responsabilité du directeur administratif et financier, vous serez en charge des travaux suivants :
- Assistanat auprès des équipes de gestion.
- Émission de la facturation clients.
- Ouverture et analyse des dossiers de gestion.
- Saisie et édition des bons de commande sur SAP.
- Saisie et édition des devis sur SAP.

Impérativement titulaire d'un BTS assistant(e) de gestion ou DUT comptabilité-gestion, vous avez une expérience d'au moins deux ans sur poste similaire en assistanat de gestion.

Rigoureux(se), organisé(e) et doté(e) d'un bon sens du relationnel, vous maîtrisez impérativement SAP, ainsi que les outils informatiques (Word et Excel).

Salaire
Fixe entre 24 et 27 K€/an

Adresse
Retrouvez l'ensemble de nos offres sur : http://www.fedfinance.fr

Publié le 29/11/201N
Réf : IIFAA040147 5306985
Annonce de recrutement Fed Finance, extraite du site www.fedfinance.fr, propriété exclusive de la société SAS Fed, RCS n°440 235 273 00131

CDI, CDD
→ lexique, p. 157

DOCUMENT 2 Annonce de recrutement n° 2

Assistant de Gestion H/F
Recruteur : **VILLE DE CACHAN**, Val-de-Marne, ÎLE-DE-FRANCE
Annonce du : 04/10/201N

→ **Description :**

• Grade : Cadre d'emplois des adjoints administratifs

Au sein du Service Restauration/Atsem-Entretien-Gardiennage Scolaires, l'assistant de gestion aura comme principale mission la conduite des opérations courantes et la participation active au bon fonctionnement des activités du service.

– Réaliser et suivre les plannings des équipes du secteur Atsem et Entretien
– Répartir et gérer les absences (congés, formations, récupérations…)
– Participer à l'organisation des remplacements internes : centraliser, synthétiser et organiser les informations recensées […]

• Temps de travail et horaires de travail :
– 37 h 30 hebdomadaire […]

→ **Localisation :**

Val-de-Marne, ÎLE-DE-FRANCE

→ **Description du candidat :**

Formation Bac+2 en Gestion des entreprises. Titre professionnel de niveau III et/ou Certificats de Compétences, avec au minimum 3 années d'expérience […]

DOCUMENT 3 Devenir indépendant

Devenir « free-lance » : un statut juridique, fiscal et social à maîtriser

À savoir avant de devenir « free-lance »

Devenir free-lance, c'est oser se mettre à son compte. Le free-lance est considéré comme un indépendant et n'appartient à aucune structure autre que celle qu'il a décidé de créer. Il n'est redevable à personne d'autre de son activité professionnelle.

Pour devenir free-lance, il faut avoir les qualités requises pour à la fois être créateur de son entreprise, être un bon commercial communiquant et expert dans son domaine, l'indépendant est une force vive individuelle pour le recruteur qui fait appel à ses services. […]

Les étapes pour devenir « free-lance »

La première chose à faire pour devenir free-lance est de choisir un cadre juridique pour votre activité : EURL, entreprise individuelle ou société.

Ensuite, il est obligatoire de déclarer votre existence. Toute personne souhaitant exercer une activité non salariée est en effet tenue de procéder à l'inscription de celle-ci.

Vous devez donc inscrire votre société et cela se fait selon votre domaine de profession.

Pour les professions libérales :

– réglementées pour les professions suivantes : notaire, géomètre, infirmier, kinésithérapeute, médecin…
– non réglementées : attaché de presse, développeur, graphiste, informaticien, photographe, traducteur…

Inscription auprès de l'Urssaf, au Centre de formalités des entreprises (CFE) de votre région. […]

Enfin, renseignez-vous auprès d'un expert-comptable compétent pour faire le bon choix de votre structure juridique et fiscale et pour vous accompagner dans vos démarches.

www.lpg-paris.fr

1 Le travailleur indépendant

Les travailleurs indépendants sont des personnes **qui exercent à leur compte une activité économique, en supportant les risques de cette activité et en s'appropriant les profits éventuels** qu'elle peut générer. Ils sont **autonomes dans l'organisation de leur travail** (horaires, dates, moyens mis en œuvre...) et ne se trouvent pas, à la différence d'un personnel salarié, dans une situation de subordination juridique à l'égard de la personne [...] avec laquelle ils contractent. Ils relèvent par ailleurs d'un régime spécifique de protection sociale (régime dit « des travailleurs non-salariés non agricoles »), distinct du régime général, et leur intervention ne s'inscrit pas dans le cadre des règles fixées par le Code du travail.

www.associations.gouv.fr

2 Le lien de subordination

Dans le droit du travail, **le lien de subordination entre une personne et un employeur est ce qui permet de distinguer le salarié du travailleur indépendant ou du bénévole.** Il est, avec la fourniture d'un travail et la rémunération, l'un des trois éléments déterminants du contrat de travail.

Le lien de subordination n'est pas défini par le Code du travail, mais par la jurisprudence (Cour de cassation, 25 octobre 2005) qui le caractérise comme le travail d'une personne sous l'autorité d'un employeur qui :
– lui donne des ordres et des directives ;
– en contrôle l'exécution ;
– sanctionne les manquements.

Cette autorité doit pouvoir s'exercer à tout moment, sans être nécessairement étroite et ininterrompue.

Le lien de subordination juridique peut être apprécié par un juge pour requalifier une relation de travail à partir d'un faisceau d'indices : horaires imposés, lieu de travail déterminé par l'employeur, instructions données pour l'exercice d'une activité, délais imposés, comptes rendus périodiques, mise à disposition de matériel ou de matières premières, travail au sein d'un service organisé, sanctions, etc. [...]

www.toupie.org

3 Public/privé : le régime de retraite des fonctionnaires n'est pas toujours plus avantageux

Au fil des réformes, la plupart des règles applicables dans le régime général des salariés du secteur privé ont été étendues aux agents relevant de la fonction publique (fonctions publiques d'État, hospitalière et territoriale). Mais il subsiste encore quelques différences...

- **Âge de la retraite** : à soixante-deux ans dans le public comme dans le privé [...].
- **Durée d'assurance** : une durée identique, mais des calculs différents. [...] Dans le régime général, les trimestres sont validés à partir du salaire versé : il suffit d'avoir cotisé sur la base de 1 844 € pour valider un trimestre en 2012, même si on n'a travaillé qu'un mois. En revanche, dans la fonction publique, les trimestres sont validés à partir du temps effectivement travaillé, au prorata du temps de travail pour les agents à temps partiel, ce qui est finalement moins avantageux que dans le privé.
- **Base de calcul de la retraite** : six derniers mois de traitement contre vingt-cinq meilleures années. La retraite de la fonction publique est calculée sur la base du traitement des six derniers mois, primes non comprises [...]. La retraite du secteur privé est calculée sur la moyenne des salaires des vingt-cinq meilleures années. [...]

www.capital.fr

4 Comparaison entre le statut du travailleur salarié et du travailleur non salarié (TNS)

Du statut juridique du travail choisi, salarié ou travailleur non salarié (TNS), découle la situation fiscale et sociale du travailleur.

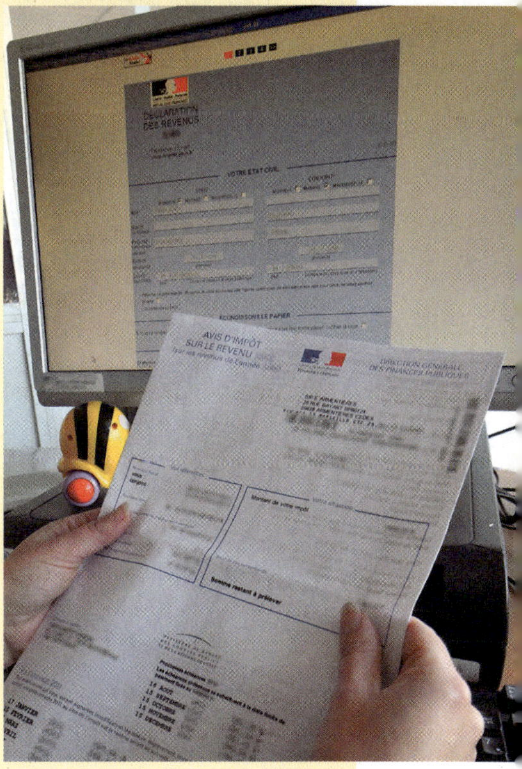

Quelle différence au niveau fiscal ?

Le salarié déclare ses revenus en tant que « traitements et salaires » et le travailleur non salarié aux BIC (bénéfices industriels et commerciaux) pour les commerçants et les artisans ou aux BNC (bénéfices non commerciaux) pour les professions libérales.

Selon les idées reçues, le salariat serait privilégié. Il ferait l'objet de moins de contrôles et de plus de déductions forfaitaires. En réalité, les salariés sont souvent contrôlés : il est facile de vérifier la véracité de leur déclaration d'impôt et ils ne bénéficient plus d'avantage spécifique depuis la suppression des déductions forfaitaires supplémentaires attribuées à certaines professions.

Finalement, le travailleur indépendant n'est pas moins bien traité que le salarié sur le plan fiscal et dispose même de plus de marge de manœuvre en terme de déduction de charges et de frais.

Quelle différence au niveau social ?

À rémunération égale, l'entrepreneur individuel perçoit davantage que le salarié. En effet, les charges sociales pèsent moins pour le travailleur indépendant que pour le salarié, alors que les couvertures santé – RSI (Sécurité sociale pour les travailleurs non salariés) et CPAM (Sécurité sociale des salariés) – sont, aujourd'hui, quasiment identiques, que ce soit pour la maladie, les remboursements médicaux, les arrêts maladie ou la prévoyance. Il est donc un peu moins onéreux d'avoir le statut de non-salarié.

Toutefois, il reste un intérêt réel à avoir le statut de salarié : la possibilité d'obtenir une indemnisation en cas de chômage.

Les auteurs

5 Secteur public et intérêt général

Adriane Conté, adjointe au responsable Pôle Personnes âgées – Personnes handicapées, conseil général de l'Allier

« J'ai toujours pensé faire un métier au service de la Cité. Après un détour en politique (j'ai été deux ans assistante parlementaire), j'ai choisi la fonction publique territoriale pour être au plus près des besoins de la population. Je crois en la capacité d'innovation du service public pour conserver ou remettre du lien social. La philosophie qui doit toujours nous animer doit être la promotion et la recherche de l'intérêt général et du bien commun contre les communautarismes de toutes natures et le clientélisme. C'est une vision exigeante et certains diront utopique, mais, en tant que jeune cadre de la fonction publique, j'essaie de la garder comme ligne de conduite. »

www.publidia.fr

vidéo sur le web 2' 17"
Devenir fonctionnaire territorial
lienmini.fr/d261fpt

Avant de commencer QCM

Le choix d'un statut juridique du travail

Testez vos connaissances sur le chapitre 8 à l'aide d'un QCM interactif. Connectez-vous sur lienmini.fr/d261exo08

Natacha

OBJECTIF **Résoudre un cas pratique** → Fiche Méthode 6, p. 153

SITUATION JURIDIQUE

Natacha est photographe. Elle est prestataire indépendante d'une agence de mannequinat dont elle tire 65 % de ses revenus. Son travail consiste à prendre les photos qui seront intégrées dans le book de chaque mannequin, à photographier les mannequins lors des défilés...

Les jours et les heures de travail ne sont pas fixés à l'avance, car ils dépendent des besoins de l'agence. Toutefois, elle se demande si son statut réel n'est pas celui de salarié : elle n'a que très peu de liberté quant aux photos à réaliser, elle doit participer aux réunions qui précèdent les *shooting*, elle doit se rendre à l'agence dès qu'on l'appelle et, surtout, l'agence lui impose de ne pas travailler pour une autre agence de mannequinat.

1 **Identifiez le problème juridique posé par l'arrêt *L'Île de la tentation*.**

2 **Retrouvez la solution apportée par la Cour de cassation et ses motifs.**

3 **Analysez la situation juridique de Natacha.**
- **Qualifiez juridiquement les faits.**
- **Identifiez la règle juridique applicable.**
- **Proposez une solution.**

ANNEXE Les participants à *L'Île de la tentation* sont reconnus salariés

Compte tenu des prestations de travail des participants à l'émission de téléréalité *L'Île de la tentation*, la Cour de cassation considère qu'un contrat de travail lie les participants à la société de production.

Rarement un contentieux aura déchaîné tant de discussions. La téléréalité mène au salariat ! Ainsi vient d'en décider la chambre sociale de la Cour de cassation dans un arrêt du 3 juin 2009. Les participants à l'émission *L'Île de la tentation* effectuant « une prestation de travail sous la subordination de la société Glem » étaient « liés par un contrat de travail à la société de production ».

Règlement des participants

Émission de téléréalité, *L'Île de la tentation* met en scène quatre couples testant leurs sentiments lors d'un séjour de douze jours sur une île exotique, séjour pendant lequel ils sont filmés dans leur quotidien, pendant les activités partagées avec des célibataires de sexe opposé.

À l'issue de ce séjour, les participants font le point de leurs sentiments. Il n'y a toutefois ni gagnant, ni prix. À cet effet, les participants de la saison 2003 ont signé un acte intitulé « règlement participants » et sont partis du 14 au 28 mars 2003 en Thaïlande, moyennant le versement de la somme de 1 525 €. Le tournage de l'émission constituait-il une prestation de travail exécutée dans un lien de subordination ? La cour d'appel de Paris s'était prononcée en ce sens par trois arrêts confirmatifs du 12 février 2008. La Haute Juridiction confirme la solution.

Travail et activité professionnelle

L'avocat général Dominique Allix avait pourtant conclu à la cassation des arrêts. Selon ce dernier, qui exprimait l'avis de la majorité des auteurs intervenus sur le sujet, il ne s'agissait que d'un divertissement entre adultes consentants, à des fins purement personnelles et non professionnelles ne pouvant relever de la législation du travail.

ANNEXE (SUITE) Les participants à *L'Île de la tentation* sont reconnus salariés

Jacques Barthélémy, avocat-conseil en droit social, avait posé le problème ainsi : « Pour conclure à l'existence d'un contrat de travail, il faut mettre en évidence la distinction entre travail et activité professionnelle. Il convient de procéder en deux temps : y a-t-il activité professionnelle ? Cette activité est-elle salariée ? » La recherche d'un état de subordination ne devrait intervenir qu'après qu'on a conclu que l'activité est professionnelle (SSL, n° 1382).

Un lien de subordination

Statuant pour la première fois sur la qualification du contrat liant le participant d'un programme de téléréalité au producteur, la chambre sociale commence par rappeler une solution constante : « L'existence d'une relation de travail ne dépend ni de la volonté exprimée par les parties ni de la dénomination qu'elles ont donnée à leur convention, mais des conditions de fait dans lesquelles est exercée l'activité des travailleurs. »

Passant ensuite au peigne fin les conditions du tournage constatées par les juges du fond, l'arrêt retient que « les participants avaient l'obligation de prendre part aux différentes activités et réunions, qu'ils devaient suivre les règles du programme définies unilatéralement par le producteur, qu'ils étaient orientés dans l'analyse de leur conduite, que certaines scènes étaient répétées pour valoriser des moments essentiels, que les heures de réveil et de sommeil étaient fixées par la production, que le règlement leur imposait une disponibilité permanente, avec interdiction de sortir du site et de communiquer avec l'extérieur, et stipulait que toute infraction aux obligations contractuelles pourrait être sanctionnée par le renvoi. » Les juges ont ainsi caractérisé l'existence d'une prestation de travail exécutée sous la subordination de la société Glem.

Prestation sans rapport avec le déroulement de la vie personnelle

Répondant à l'objection tirée de la vie personnelle, l'arrêt précise que cette prestation se déroulait « pendant un temps et dans un lieu sans rapport avec le déroulement habituel de leur vie personnelle » et consistait « pour les participants à prendre part à des activités imposées » et à exprimer des réactions attendues, ce qui la distingue du seul enregistrement de leur vie quotidienne. Quant au versement de la somme de 1 525 €, il avait pour cause le travail exécuté.

Selon le communiqué joint à l'arrêt, « l'apport de cet arrêt réside dans la confirmation que le lien de subordination constitue le "critère décisif" du contrat de travail et que dès lors qu'elle est exécutée, non pas à titre d'activité privée, mais dans un lien de subordination, pour le compte et dans l'intérêt d'un tiers en vue de la production d'un bien ayant une valeur économique, l'activité, quelle qu'elle soit, peu important qu'elle soit ludique ou exempte de pénibilité, est une prestation de travail soumise au droit du travail ».

Liaisons Sociales Quotidien (05/06/2009)

L'ESSENTIEL

LE CHOIX D'UN STATUT JURIDIQUE DE TRAVAIL

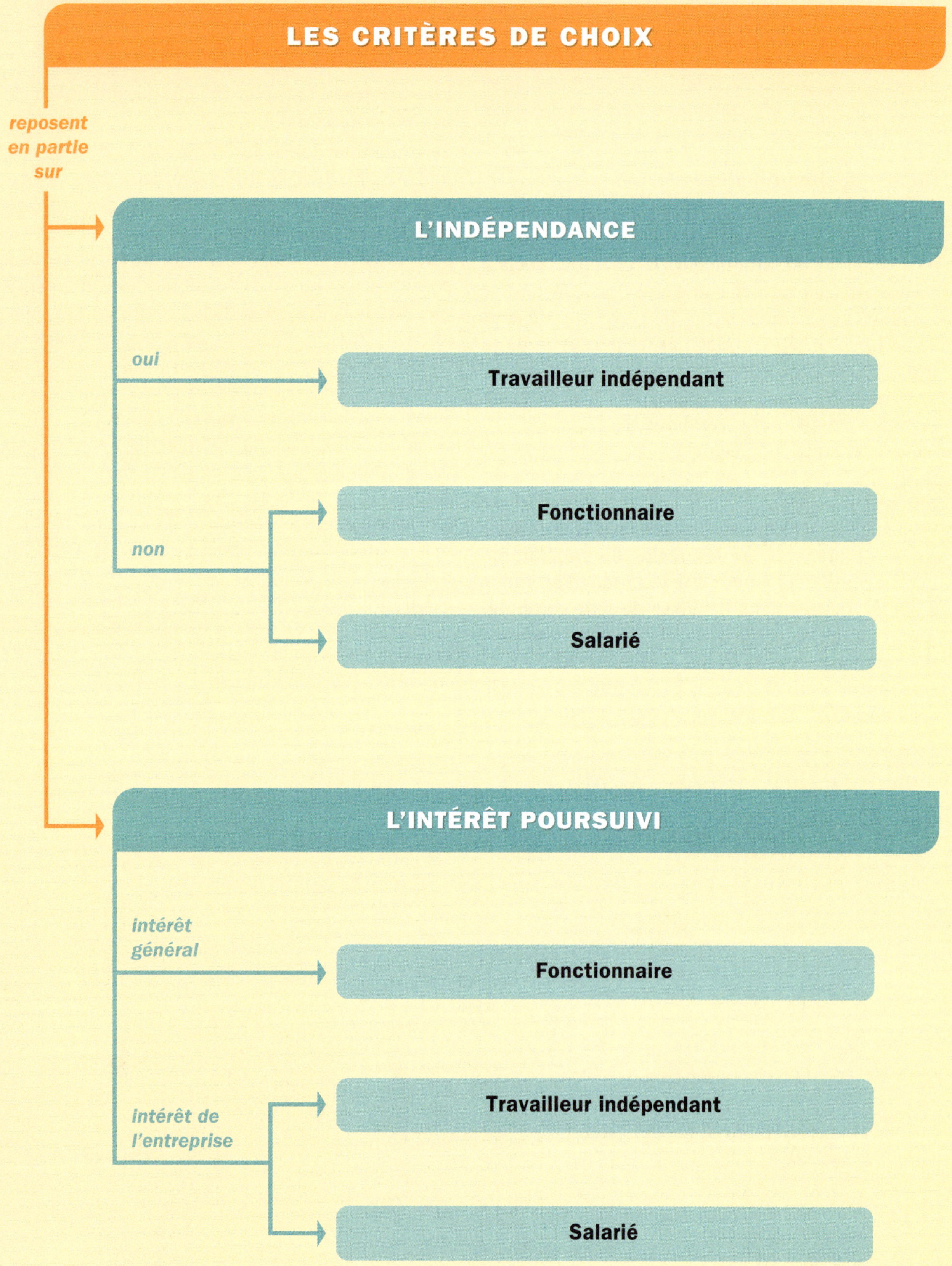

CHAPITRE 9

L'adaptation à l'emploi et la formation professionnelle

Le système légal, issu en grande partie d'accords interprofessionnels, tend à inciter les salariés et les employeurs à anticiper les changements de leur environnement professionnel et à développer l'employabilité. Dans ce contexte, la formation professionnelle apparaît pour les différentes parties prenantes à la fois comme un droit, une obligation et un facteur d'évolution.

Le cas Giusti aborde la logique de l'adaptation des compétences des salariés aux évolutions du marché de la serrurerie-ferronnerie. Les décisions stratégiques que doit prendre cette PME vont nous permettre d'étudier :

Dossier 1. Les différents dispositifs de formation professionnelle

Dossier 2. L'articulation des dispositifs et la négociation collective

LES COMPÉTENCES

- Analyser des dispositifs de formation professionnelle

LES NOTIONS

- Obligation légale de formation
- Congé individuel de formation
- Validation des acquis et de l'expérience
- Plan de formation
- Organismes paritaires collecteurs agréés
- Compte personnel de formation
- Portabilité

CAS GIUSTI

M. Bernard, ingénieur de formation, vient de reprendre l'entreprise Giusti, une PME de serrurerie-ferronnerie de Haute-Savoie. Cette entreprise de cinq salariés recèle de vraies compétences et une culture de la qualité. En outre, elle est bien positionnée sur un marché qui est resté dynamique malgré la crise.

M. Bernard a décidé de se développer en ouvrant son activité dans deux directions : l'automatisation des bâtiments (domotique) et le travail (soudure, pliage, sertissage) des métaux inoxydables. Les cinq salariés sont dans l'entreprise depuis plusieurs années. M. Bernard leur a présenté les nouvelles orientations qu'il entend donner à l'entreprise et leur a également expliqué qu'il serait beaucoup moins présent que son prédécesseur à l'atelier pour se concentrer sur l'originalité des solutions proposées aux clients.

M. Bernard vous demande, dans le cadre de votre stage, d'effectuer diverses recherches sur le thème de la formation professionnelle, domaine qu'il ne maîtrise que très peu.

LE CAS

DOSSIER 1 : Les différents dispositifs de formation professionnelle

CAS GIUSTI : Quel dispositif pour M. Paul ?

M. Paul, qui a cinq ans d'ancienneté dans l'entreprise, a informé M. Bernard qu'il souhaiterait suivre une formation en « automatisme ». Bien que M. Paul ait une formation de soudeur, c'est lui qui intervient prioritairement pour la pose des commandes des clients, en particulier lorsque cette pose comprend un branchement électrique. M. Paul a un très bon contact avec la clientèle.

L'entreprise ne dispose d'aucun plan de formation.

M. Bernard, qui sait qu'une réforme importante de la formation professionnelle est récemment entrée en vigueur, souhaite que vous recherchiez les suites qui peuvent être données à la demande de M. Paul, notamment quant au choix du dispositif de formation.

TRAVAIL DEMANDÉ

1. **Identifiez les dispositifs de formation professionnelle utilisables à l'initiative du salarié.**
2. **Identifiez les contraintes que fait naître une telle demande de formation pour l'entreprise.**
3. **Après avoir repéré les avantages de chaque dispositif pour l'entreprise et pour le salarié, proposez à M. Bernard le dispositif qui vous apparaît comme le plus judicieux.**

DOCUMENT 1 Les dispositifs de formation professionnelle continue

La formation professionnelle continue des salariés des entreprises de la métallurgie comprend :

1/ des formations organisées à l'initiative des entreprises dans le cadre de leur plan de formation ; les entreprises peuvent prendre en compte, dans ces formations, les demandes individuelles des salariés, notamment afin de mettre en œuvre une période de professionnalisation ;

2/ des formations auxquelles les salariés décident de s'inscrire de leur propre initiative, à titre individuel, en utilisant leur droit au congé individuel de formation (CIF) ou leur compte personnel de formation (CPF) mis en œuvre en dehors du temps de travail ;

3/ des formations organisées, à l'initiative des salariés en accord avec leur employeur, dans le cadre du compte personnel de formation (CPF) mis en œuvre en tout ou partie sur le temps de travail.

Accord national Métallurgie, 13 novembre 2014

CIF, CPF, VAE
→ lexique, p. 157-159

vidéo sur le web 2' 18"

La réforme de la formation professionnelle
lienmini.fr/d261formation

DOCUMENT 2 Code du travail

Article L. 6322-1

Le congé individuel de formation (CIF) a pour objet de permettre à tout salarié, au cours de sa vie professionnelle, de suivre, à son initiative et à titre individuel, des actions de formation, indépendamment de sa participation aux stages compris, le cas échéant, dans le plan de formation de l'entreprise dans laquelle il exerce son activité.

Ces actions de formation doivent permettre au salarié :

1° D'accéder à un niveau supérieur de qualification ;

2° De changer d'activité ou de profession ;

3° De s'ouvrir plus largement à la culture, à la vie sociale et à l'exercice des responsabilités associatives bénévoles.

Article L. 6322-2

Les actions de formation du congé individuel de formation s'accomplissent en tout ou partie pendant le temps de travail.

DOCUMENT 3 La participation financière de l'entreprise à la formation professionnelle

Dans les entreprises de moins de 10 salariés	Dans les entreprises de 10 salariés et plus
Contribution unique de 0,55 %[1]	Contribution unique de 1 %[1]

1. La contribution est calculée à partir de la masse salariale.

Extrait du *Guide de la réforme de la formation professionnelle*, www.travail-emploi.gouv.fr

DOCUMENT 4 Le conseil en évolution professionnelle (CEP), une nouvelle obligation d'information

Mis en place pour répondre à vos besoins en matière d'information, d'orientation et d'accompagnement, le CEP est une nouvelle prestation gratuite. L'objectif est de favoriser l'employabilité, en lien avec les besoins économiques des territoires. Le CEP concerne tout actif, quel que soit son statut, dès son entrée sur le marché du travail et jusqu'à son départ en retraite.

Chaque employeur doit informer ses salariés de la possibilité de recourir à cet accompagnement. La loi met donc une nouvelle obligation d'information à la charge des employeurs.

www.opcadefi.fr

DOCUMENT 5 La réforme dans les entreprises de moins de 10 salariés

Vous avez toujours…
- Un interlocuteur unique : l'OPCA[1].
- Un collecteur unique : l'OPCA.
- Un seul bordereau de versement.

Ce qui change
- Une mutualisation des fonds plus importante au profit des petites entreprises.
- La création du compte personnel de formation pour les salariés.
- Un entretien d'évolution professionnelle tous les deux ans qui prend la forme d'un entretien de bilan tous les six ans.

www.travail-emploi.gouv.fr

1. **OPCA (organismes paritaires collecteurs agréés)** : ces organismes sont chargés de collecter les fonds de la formation professionnelle continue et de financer la formation des salariés.

DOSSIER 2 : L'articulation des dispositifs et la négociation collective

CAS GIUSTI : Optimiser les dispositifs de formation

M. Coche est soudeur, titulaire d'un CAP Soudure, et a vingt ans d'ancienneté dans l'entreprise. C'est quelqu'un de très engagé dans son métier qui a suivi grâce à M.Giusti, l'ancien patron, de nombreux stages de formation. Actuellement, il occupe quasiment un poste d'encadrement.

M. Bernard souhaiterait que M. Coche devienne le chef d'atelier de l'entreprise ; il en a les qualités, notamment relationnelles. Deux problèmes se posent néanmoins. Le premier est relatif au diplôme de M. Coche : la majorité des salariés ont un diplôme de niveau supérieur au CAP et M. Bernard craint que cette situation ait une incidence sur l'autorité de M. Coche. L'autre problème réside dans le fait que M. Coche n'a aucune réelle formation en management.

Face à cette situation, M. Bernard envisage l'utilisation de deux dispositifs différents : la VAE et le CPF. Il sait par ailleurs qu'en 2005, M. Guisti avait signé un accord d'entreprise favorisant le financement de la formation professionnelle de ses salariés.

TRAVAIL DEMANDÉ

1. **Confortez M. Bernard dans le choix des dispositifs.**
2. **Proposez un montage permettant d'utiliser conjointement la VAE et le CPF pour permettre à M. Coche de valider un brevet d'études professionnelles (BEP), voire un baccalauréat professionnel.**
3. **Appréciez la validité des articles 2 et 5 de l'accord d'entreprise signé en 2005.**

DOCUMENT 1 Extrait du relevé annuel du CPF[1] de M. Coche

A : Nombre d'heures acquises les années précédentes : 96 heures
B : Nombre d'heures utilisées les années précédentes : 0 heure
C : Solde des heures acquises les années précédentes (A – B) : 96 heures
D : Heures acquises au titre de l'année écoulée : 24 heures
E : Nombre d'heures disponibles à la date de référence : 120 heures

1. DIF jusqu'en 2014.

DOCUMENT 2 Extrait de l'accord d'entreprise signé en 2005

Art. 2 : L'entreprise prendra à sa charge tous les frais de transport liés à une formation professionnelle quel qu'en soit le dispositif dans un rayon de 50 km (aller) du siège social de l'entreprise. Cet engagement ne vaut que pour les formations validées par la direction.
Art. 5 : L'entreprise abonde à hauteur de 24 heures par an les droits acquis par les salariés (et non 20 heures comme prévues par la loi) au titre du droit individuel de formation dans la limite de 120 heures.

DOCUMENT 3 Code du travail

Article L. 6323-1

Un compte personnel de formation est ouvert pour toute personne âgée d'au moins seize ans en emploi ou à la recherche d'un emploi ou accompagnée dans un projet d'orientation et d'insertion professionnelles [...].
Le compte est fermé lorsque la personne est admise à faire valoir l'ensemble de ses droits à la retraite.

Article L. 6323-2

Le compte personnel de formation est comptabilisé en heures et mobilisé par la personne, qu'elle soit salariée ou à la recherche d'un emploi, afin de suivre, à son initiative, une formation. Le compte ne peut être mobilisé qu'avec l'accord exprès de son titulaire. Le refus du titulaire du compte de le mobiliser ne constitue pas une faute.

DOCUMENT 4 Les formations éligibles au CPF pour les métiers de la métallurgie

Art. 64 : Pour les salariés des entreprises relevant de la métallurgie, les formations éligibles au CPF sont celles inscrites sur les listes suivantes : [...]. Sont également éligibles les formations permettant d'acquérir le socle de connaissances et de compétences défini par décret, ainsi que l'accompagnement à la validation des acquis de l'expérience (VAE).

Accord national Métallurgie, 13 novembre 2014

DOCUMENT 5 Présentation de la VAE

La validation des acquis de l'expérience (VAE) permet à toute personne engagée dans la vie active de transformer son expérience en diplôme, titre ou certificat de qualification professionnelle (CQP), sans nécessairement suivre une formation. Elle peut être mise en œuvre dans le cadre d'un congé pour VAE, du plan de formation de l'entreprise, d'une période de professionnalisation et/ou du compte personnel de formation (CPF). [...]

Qui est concerné ?

Tous les salariés volontaires qui totalisent au moins trois ans d'expérience professionnelle ou extraprofessionnelle (bénévole, associative...) en rapport direct avec la certification visée : diplôme, titre ou certificat de qualification professionnelle (CQP) inscrit au Répertoire national des certifications professionnelles (RNCP). [...]

Quel financement ?

L'entreprise finance les coûts de la VAE lorsque celle-ci est réalisée dans le cadre du plan de formation : inscription auprès de l'organisme certificateur, frais d'accompagnement et rémunération (salaire ou allocation de formation). Les OPCA peuvent également prendre en charge ces frais.
Si la VAE est effectuée au titre d'un congé pour VAE, le Fongecif prend en charge une partie des coûts liés à la validation et à l'accompagnement, ainsi que la rémunération du salarié (dans la limite de 24 heures) si la VAE se déroule pendant le temps de travail (l'entreprise maintient le salaire et se fait rembourser par le Fongecif).
L'accompagnement réalisé dans le cadre du Compte personnel de formation peut être pris en charge par les OPCA.

www.opcalia.com

1 Le rôle des OPCA

Les organismes paritaires collecteurs agréés (OPCA) assurent **la collecte** et **la mutualisation des fonds de la formation professionnelle continue** des entreprises adhérentes. Ils sont agréés pour répartir et/ou gérer les cotisations issues de la contribution unique des employeurs pour financer le plan de formation (pour les seules entreprises de moins de 300 salariés), le CIF, le CPF, les contrats et périodes de professionnalisation...

Le financement des congés individuels de formation, congés de bilan de compétences et congés de validation des acquis de l'expérience (VAE) est assuré par des organismes qui ont un agrément spécifique : les OPACIF, parmi lesquels figurent les Fongecif (fonds interprofessionnels régionaux).

www.arftlv.org, site Internet de l'Agence régionale de la formation tout au long de la vie (CARIF Poitou-Charentes)

2 Le congé individuel de formation (CIF)

Le congé individuel de formation (CIF) est le droit de s'absenter de son poste de travail pour suivre une formation de son choix. [...] Le salarié peut bénéficier, [...] sous certaines conditions, d'une prise en charge de sa rémunération et des frais liés au congé de la part de l'organisme paritaire collecteur agréé au titre du CIF (OPACIF) [...].

Quels sont les objectifs du CIF ?

- Le CIF permet à tout travailleur, au cours de sa vie professionnelle, de suivre à son initiative et à titre individuel des actions de formation indépendamment de sa participation aux stages compris dans le plan de formation de l'entreprise.
- Sauf accord sur une durée plus longue, l'absence ne peut être supérieure à un an pour un stage à temps plein ou à 1 200 heures pour un stage à temps partiel.
- Ce congé permet également de préparer et de passer un examen.

Qui peut bénéficier d'un CIF ?

- Tout salarié peut accéder à un congé individuel de formation, quels que soient l'effectif de l'entreprise et la nature de son contrat de travail.
- Une condition d'ancienneté est nécessaire : 24 mois consécutifs ou non en tant que salarié dont 12 mois dans l'entreprise (36 mois dans les entreprises artisanales de moins de dix salariés). [...]

Quels frais peuvent être pris en charge ?

- Les entreprises n'ont pas d'autres obligations financières, en matière de congé individuel de formation, que de verser leur cotisation annuelle à l'organisme collecteur dont elles relèvent. Cependant, tous les employeurs ont la possibilité de participer directement au financement du congé indépendamment du versement de cette cotisation. Un salarié peut donc s'adresser à son employeur pour obtenir, soit un financement complémentaire à la prise en charge décidée par l'organisme financeur, soit le financement total ou partiel d'un congé individuel de formation qui ne pourrait être pris en charge par le Fongecif[1] ou l'OPCA.

www.travail-emploi.gouv.fr

1. **Fongecif** (Fonds de gestion des congés individuels de formation) : ce sont des Opacif (Organismes paritaires agréés au titre du CIF). Ils sont gérés paritairement par les syndicats de salariés et les employeurs et ont pour mission d'assurer la prise en charge des CIF et bilans de compétences demandés par les salariés.

3 Le plan de formation

Le plan de formation rassemble l'ensemble des actions de formation définies dans le cadre de la politique de gestion du personnel de l'entreprise. L'élaboration du plan de formation est assurée sous la responsabilité pleine et entière de l'employeur, après consultation des représentants du personnel.

Le plan de formation peut désormais, dès lors qu'un accord d'entreprise le prévoit, avoir une durée de trois ans, sans pour autant que le comité d'entreprise cesse d'être consulté annuellement sur son exécution.

Il peut comporter deux types d'actions : **des actions visant à assurer l'adaptation du salarié au poste de travail ou liées à l'évolution ou au maintien dans l'emploi dans l'entreprise**, mais également **des actions ayant pour objet le développement des compétences des salariés.**

La formation mise en œuvre dans le cadre du plan de formation a lieu en principe durant le temps de travail. Le salarié peut demander à suivre une formation prévue dans le plan de formation de l'entreprise. En revanche, un salarié ne peut refuser de suivre une formation dans le cadre du plan de formation.

www.travail-emploi.gouv.fr

4 Le compte personnel de formation (CPF)

Il est alimenté automatiquement, sans action de l'employeur.

Le compte est crédité – pour une personne à temps plein – au rythme de 24 heures de formation par an les cinq premières années, 12 heures de formation les années suivantes, dans la limite de 150 heures. Enfin, c'est le salarié qui prend l'initiative d'utiliser son compte personnel de formation afin de concrétiser son projet de formation.

Le droit individuel à la formation (DIF) est supprimé. Les heures de formation acquises au titre du DIF sont reversées sur le compte personnel de formation et utilisables avant le 31 décembre 2020.

www.travail-emploi.gouv.fr

5 Le CPF et l'accord de l'employeur

- **Formation suivie en dehors du temps de travail :** pas d'accord à demander.
- **Formation suivie sur le temps de travail :**
  – accord à demander uniquement sur le calendrier de la formation pour le socle de connaissances et de compétences, l'accompagnement VAE ou une formation effectuée [...] par accord d'entreprise, de groupe ou de branche ;
  – accord à demander **sur le calendrier et le contenu de la formation** pour toutes les autres formations suivies sur le temps de travail.

www.moncompteformation.gouv.fr

Complément web

Guide de la réforme de la formation professionnelle
lienmini.fr/d261compl22

Avant de commencer QCM

L'adaptation à l'emploi et la formation professionnelle

Testez vos connaissances sur le chapitre 9 à l'aide d'un QCM interactif. Connectez-vous sur lienmini.fr/d261exo09

Au bon pain

OBJECTIF **Lire une décision de justice** → Fiche Méthode 5, p. 151

SITUATION JURIDIQUE

M. John Larson est propriétaire de quatre boulangeries implantées sur deux communes voisines. Il emploie 15 personnes. Marc travaille en tant que boulanger dans l'un de ces établissements. Il a 10 ans d'ancienneté et est titulaire d'un CAP de boulanger. Il a informé son employeur de son souhait de tenter de passer le Brevet professionnel de boulanger en VAE. Il a utilisé, avec l'accord de M. Larson, ses heures acquises au titre du CPF pour se préparer et a obtenu son diplôme il y a quelques semaines. M. Larson, très heureux de l'évolution professionnelle de son salarié, se pose néanmoins quelques questions sur cette évolution de qualification.

1. **Vérifiez si M. Larson est obligé d'augmenter la rémunération de son salarié, sachant que ce dernier ne verra pas ses tâches évoluer.**
2. **Déterminez si M. Larson a intérêt à insérer dans le contrat de travail de ses salariés une clause de dédit-formation.**
3. **Vérifiez si une telle clause pourrait s'appliquer à la situation de Marc.**

ANNEXE 1 Prise en compte d'une nouvelle qualification par l'employeur

Attendu, selon l'arrêt attaqué, que M. X a été engagé le 28 septembre 2000, en qualité de maçon coffreur, par la société Forézienne d'entreprises, aux droits de laquelle vient la société Eiffage travaux publics ; que victime d'un accident du travail, il a été […] déclaré par le médecin du travail inapte à son poste et apte à un poste administratif, auquel il a été reclassé par l'employeur ; que le salarié a obtenu le titre professionnel de développeur informatique, équivalant à un BTS ; qu'il a pris acte de la rupture de son contrat de travail, imputant à l'employeur divers manquements à ses obligations contractuelles ;

Attendu que pour dire que le salarié doit être classé ETAM niveau 1 (employés, techniciens, agents de maîtrise), l'arrêt retient que si la formation continue a été effectuée à l'initiative du salarié, le classement définitif dans l'emploi correspondant […] intervient dans la limite des emplois disponibles dans l'entreprise, que la convention collective applicable ne subordonne pas cette disposition favorable au salarié, titulaire d'un diplôme, à la condition qu'il occupe un emploi correspondant à la spécialité de son diplôme, que l'employeur reconnaît que le titre obtenu par ce dernier équivaut à un BTS et que le salarié a été reclassé en qualité d'employé administratif sur un poste créé par l'employeur et par suite disponible ; Qu'en se déterminant ainsi, sans constater l'existence d'un emploi de niveau E, susceptible de correspondre à la formation obtenue par le salarié, qui aurait été disponible au sein de la société, la cour d'appel n'a pas donné de base légale à sa décision ;

Par ces motifs, […] casse et annule

Cour de cassation, Chambre sociale, 20 mai 2015

ANNEXE 2 Code du travail

Article L. 6321-8

Lorsque le salarié suit une action de formation dans le cadre du plan de formation ayant pour objet le développement des compétences, l'entreprise définit avec le salarié, avant son départ en formation, la nature des engagements auxquels elle souscrit dès lors que l'intéressé aura suivi avec assiduité la formation et satisfait aux évaluations prévues.

Les engagements de l'entreprise portent sur :

1° Les conditions dans lesquelles le salarié accède en priorité, dans un délai d'un an, à l'issue de la formation aux fonctions disponibles correspondant aux connaissances ainsi acquises et sur l'attribution de la classification correspondant à l'emploi occupé ;

2° Les modalités de prise en compte des efforts accomplis par le salarié.

ANNEXE 3 Clause de dédit-formation

La clause de dédit-formation est une clause par laquelle le salarié s'engage, en contrepartie d'une formation à la charge de l'employeur, à rester au service de celui-ci pendant une durée minimum. En cas de défaillance, le salarié devra rembourser les frais engagés par l'employeur. Il s'agit ainsi pour ce dernier d'éviter le départ prématuré du salarié, pour lequel il a investi, et pour le salarié, d'obtenir plus facilement des formations compte tenu de cette « sécurisation » fournie à l'employeur.

www.cfdt.fr

L'ESSENTIEL

LA FORMATION PROFESSIONNELLE : DES DISPOSITIFS VARIÉS

Financés par l'État, les régions et les entreprises par l'intermédiaire des organismes paritaires collecteurs agréés (OPCA)

LE DROIT À LA FORMATION MIS EN ŒUVRE PAR L'EMPLOYEUR

symbolisé par → **LE PLAN DE FORMATION**

- *qui recouvre* → **L'ensemble des dispositifs de formation mis en place dans l'entreprise à destination des salariés**
- *qui peut prévoir des actions*
  - **D'adaptation au poste de travail**
  - **Liées au maintien de l'emploi**
  - **De développement des compétences**

LE DROIT À LA FORMATION À L'INITIATIVE DU SALARIÉ

LE COMPTE PERSONNEL DE FORMATION (CPF)

Pour toute personne engagée dans la vie active, indépendamment de son statut

↓

À condition de recevoir l'accord de l'employeur lorsque la formation demandée se fait sur le temps de travail

↓

Les frais de formation sont mutualisés à hauteur des heures inscrites sur le CPF Au-delà, l'OPCA, l'employeur ou la région peuvent intervenir

LE CONGÉ INDIVIDUEL DE FORMATION (CIF)

Pour tout salarié en CDI disposant d'un an d'ancienneté

↓

À condition de déposer une autorisation d'absence que l'employeur ne peut refuser (seul un report est possible)

↓

Avec des frais qui peuvent être pris en charge par l'organisme paritaire collecteur agréé

LA VALIDATION DES ACQUIS DE L'EXPÉRIENCE (VAE)

Pour toute personne ayant eu une activité professionnelle pendant plus de 3 ans

↓

À condition de recevoir l'accord de l'employeur et doit avoir lieu en dehors du temps de travail effectif

↓

Avec des frais qui peuvent être pris en charge par l'organisme paritaire collecteur agréé ou intégrés dans le budget du plan de formation

CHAPITRE 10

Modification et rupture du contrat de travail

L'évolution économique et sociale tend à inciter les salariés et les employeurs à anticiper les changements de leur environnement professionnel et à développer l'employabilité.

Ces changements peuvent remettre en cause les conditions de travail, la localisation de l'activité ou le statut professionnel, voire conduire au licenciement. Le droit intervient pour assurer une protection adaptée à la nouvelle situation ou pour encadrer le licenciement.

Le cas Danals SAS (société par actions simplifiée) va nous permettre de comprendre comment, malgré des évolutions techniques importantes, des contraintes organisationnelles fortes ou des changements de dirigeants, le droit permet à l'entreprise d'évoluer tout en protégeant les intérêts des salariés, et d'étudier :

Dossier 1. Les modifications du contrat de travail

Dossier 2. La rupture du contrat de travail imputable au salarié

Dossier 3. La rupture du contrat de travail du fait de l'employeur

LES COMPÉTENCES

- Qualifier les modifications de la relation de travail en déduire les conséquences juridiques

LES NOTIONS

- Changement de la situation juridique de l'employeur
- Modification des conditions de travail
- Pouvoir de direction
- Modification du contrat de travail
- Préavis
- Licenciement

CAS DANALS

M. Grunenwald est à la tête d'une entreprise familiale de production de courroies depuis bientôt quarante ans. Durant toutes ces années, son entreprise, principal employeur de la commune avec vingt-neuf salariés, n'a cessé d'évoluer et il est particulièrement fier de présenter les deux derniers brevets déposés par Danals SAS. Fort de cette actualité technique, Danals SAS est en cours de reprise de l'entreprise AlsaLiens, une PME du même secteur d'activité située à une dizaine de kilomètres, qui emploie actuellement dix salariés. Le site d'AlsaLiens va devenir un établissement de Danals SAS, qui aura ainsi deux sites de production. L'incidence de ce rachat sur l'organisation générale de l'entreprise est très importante.

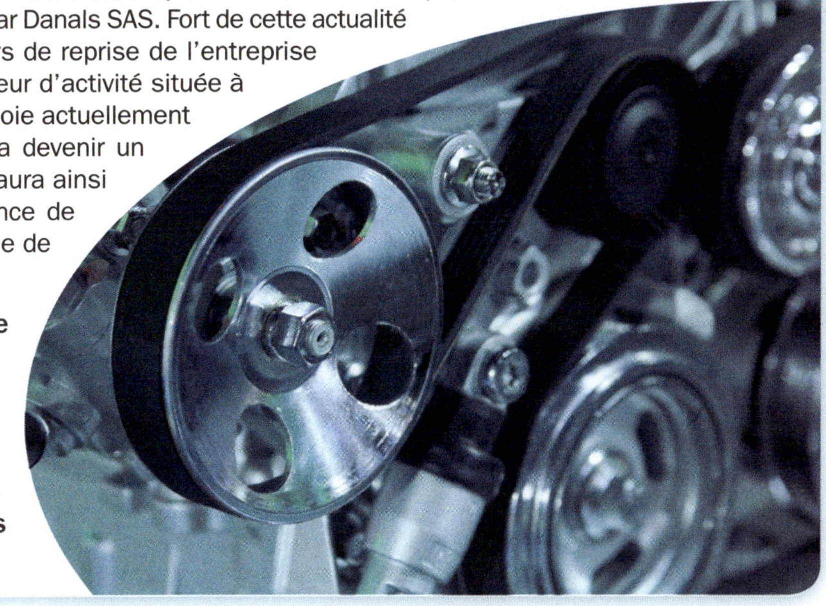

L'entreprise étant en pleine expansion, M. Grunenwald a accepté de vous prendre en stage et, à ce titre, vous confie quelques recherches concernant la législation applicable en cas d'évolutions importantes dans l'organisation d'une entreprise.

LE CAS

DOSSIER 1 : Les modifications du contrat de travail

CAS DANALS : Une évolution nécessaire des contrats

Dans la négociation de reprise d'AlsaLiens par Danals, le problème de l'emploi a été abordé. M. Grunenwald s'est engagé à reprendre l'ensemble des dix salariés, sachant que le travail devra être réorganisé entre les deux structures. En effet, il est rapidement apparu que certains salariés de Danals allaient devoir rejoindre le nouveau site de production (AlsaLiens) pour contribuer au rapprochement des modes de fonctionnement des deux sites. M. Grunenwald a décidé d'affecter sur le site d'AlsaLiens deux chefs d'équipe.

TRAVAIL DEMANDÉ

1. **Vérifiez si les salariés de l'entreprise AlsaLiens deviendront, à l'occasion du rachat, des salariés de Danals.**
2. **Précisez les principales conséquences d'une telle évolution.**
3. **Qualifiez juridiquement les modifications envisagées pour les contrats de travail des salariés pressentis pour changer d'établissement.**
4. **Précisez les modalités de mise en œuvre de ces modifications.**

DOCUMENT 1 Code du travail

Article L. 1224-1

Lorsque survient une modification dans la situation juridique de l'employeur, notamment par succession, vente, fusion, transformation du fonds, mise en société de l'entreprise, tous les contrats de travail en cours au jour de la modification subsistent entre le nouvel employeur et le personnel de l'entreprise.

Article L. 2261-14

Lorsque l'application d'une convention ou d'un accord est mise en cause dans une entreprise déterminée en raison notamment d'une fusion, d'une cession, d'une scission ou d'un changement d'activité, cette convention ou cet accord continue de produire effet jusqu'à l'entrée en vigueur de la convention ou de l'accord qui lui est substitué ou, à défaut, pendant une durée d'un an à compter de l'expiration du délai de préavis prévu à l'article L. 2261-9, sauf clause prévoyant une durée supérieure.

Lorsque la convention ou l'accord mis en cause n'a pas été remplacé par une nouvelle convention ou un nouvel accord dans les délais précisés au premier alinéa, les salariés des entreprises concernées conservent les avantages individuels qu'ils ont acquis, en application de la convention ou de l'accord, à l'expiration de ces délais.

Une nouvelle négociation doit s'engager dans l'entreprise concernée, à la demande d'une des parties intéressées, dans les trois mois suivant la mise en cause, soit pour l'adaptation aux dispositions conventionnelles nouvellement applicables, soit pour l'élaboration de nouvelles stipulations.

DOCUMENT 2 La modification du lieu de travail

L'employeur peut ainsi librement fixer une nouvelle répartition des horaires de travail ou prévoir la mutation d'un salarié dans une succursale proche. Néanmoins, ce changement ne doit pas constituer une atteinte excessive à la vie privée du salarié, c'est-à-dire à sa vie personnelle ou familiale ou à son droit au repos. [...] L'employeur ne peut ainsi pas modifier de manière unilatérale un ou plusieurs éléments essentiels du contrat de travail. [...] Quant au lieu de travail, lorsque le salarié n'est pas soumis à une clause de mobilité, l'affectation du salarié dans un secteur géographique différent nécessitera une fois de plus l'accord de ce dernier. [...] L'équilibre entre les besoins de l'entreprise et les droits du salarié nécessite un maniement habile des règles juridiques. S'entourer des conseils d'un avocat en droit du travail vous assure alors des solutions adaptées à votre situation, ainsi qu'une défense efficace de vos intérêts en cas de litige.

Charlotte Martineau,
« Modifications du contrat ou des conditions de travail : où s'arrête le pouvoir de l'employeur ? »
www.chefdentreprise.com, 02/09/2014

DOCUMENT 3 Extraits des contrats de travail des salariés pressentis pour être déplacés

Il a été convenu et arrêté ce qui suit :

1/ Engagement

M. X, qui se déclare libre de tout engagement, est engagé en qualité de chef d'équipe sous réserve des résultats de la visite médicale d'embauche, à compter du (date d'embauche du salarié par Danals SAS).

Le présent contrat est conclu pour une durée indéterminée.

Le présent contrat est régi par les lois et règlements en vigueur et par la convention collective nationale de la Plasturgie.

Conformément à la législation en vigueur, la Société Danals SAS a déclaré préalablement à son embauche M. X auprès de l'Urssaf de Mulhouse (68).

M. X est informé qu'il peut, en application de la loi de 1978, obtenir communication et effectuer les éventuelles rectifications des informations transmises.

[...]

3/ Lieu de travail

M. X exercera ses fonctions dans les locaux de la société Danals sise à Masevaux (68).

SAS
→ lexique, p. 159

LE CAS

DOSSIER 2 : La rupture du contrat de travail imputable au salarié

CAS DANALS : Des licenciements en vue

Afin de réorganiser l'entreprise, suite au rachat d'AlsaLiens par Danals SAS, M. Grunenwald a proposé à deux chefs d'équipe travaillant dans les locaux de Danals de poursuivre leur activité dans les locaux d'AlsaLiens (locaux situés à une dizaine de kilomètres de ceux de Danals). Il a donné un délai de 30 jours aux salariés concernés pour réfléchir à cette proposition. Il reçoit aujourd'hui les réponses des salariés : l'un accepte alors que le second, M. Schliess, refuse une telle modification de son contrat de travail.

Par ailleurs, M. Grunenwald, nouvel employeur des salariés d'AlsaLiens, doit prendre une décision concernant M. Khün, gardien des bâtiments de l'entreprise AlsaLiens. Ce dernier ne respecte ni les nouvelles procédures de sécurité (alarme, fermeture des bâtiments...), ni les horaires d'ouverture de ceux-ci, ce qui a entre autres rendu impossible l'accès au site à certains transporteurs.

Souhaitant que les choses rentrent dans l'ordre très rapidement, M. Grunenwald vous demande un rapport. Il ne vous cache pas qu'il envisage un licenciement rapide dans les deux cas.

TRAVAIL DEMANDÉ

1. **Présentez une analyse juridique de ces situations.**
2. **Proposez des solutions.**

DOCUMENT 1 Le refus d'une modification des conditions de travail

Attendu, selon les arrêts attaqués (Nîmes, 8 décembre 2009), rendus sur renvoi après cassation [...] que Mmes X et Y ont été engagées en qualité d'agent de service polyvalent par la maison de retraite Lou Casteou du Rouret [...] ; que par arrêté du 10 juillet 2002, la fermeture de l'établissement a été ordonnée et l'activité transférée à Mougins ; que les salariées ont refusé cette affectation et que l'employeur a procédé à leur licenciement le 5 décembre 2002 ; [...]
Attendu que les salariées font grief à l'arrêt de dire leur licenciement fondé sur une cause réelle et sérieuse, alors, selon le moyen, que pour déterminer si un changement de lieu de travail constitue ou non une modification du contrat de travail, il doit être tenu compte des nouvelles contraintes que ce changement impose au salarié ; qu'en statuant comme elle l'a fait, sans rechercher si [...] les nouvelles contraintes de transport imposées par le transfert de son lieu d'affectation à Mougins ne justifiaient pas le refus qu'elles avaient opposé à leur transfert, la cour d'appel a privé sa décision de base légale au regard de l'article L. 122-12, devenu l'article L. 1224-1 du Code du travail ;
Mais attendu que la cour d'appel, après avoir constaté que le nouveau lieu de travail à Mougins, distant de 19 kilomètres du Rouret, était dans le même secteur géographique, a pu en déduire que cette nouvelle affectation ne constituait qu'une modification des conditions de travail et qu'en conséquence le refus des salariées de rejoindre ce lieu de travail était fautif ; [...]
PAR CES MOTIFS :
REJETTE le pourvoi ;

Cour de cassation, Chambre sociale, 12 avril 2012

DOCUMENT 2 Code du travail

Article L. 1234-5

Lorsque le salarié n'exécute pas le préavis, il a droit, sauf s'il a commis une faute grave, à une indemnité compensatrice. [...]

DOCUMENT 3 Extrait d'un avenant à la convention collective de la plasturgie

Article 15

La durée du préavis prévue à l'article 28 des clauses générales est fixée à un mois pour les collaborateurs du coefficient 700 au coefficient 750 et à deux mois pour les collaborateurs du coefficient 800 au coefficient 830.

Toutefois, en cas de licenciement, la durée du préavis des collaborateurs dont le coefficient hiérarchique est inférieur à 800 est portée à deux mois s'ils justifient chez leur employeur d'une ancienneté de services continus d'au moins deux ans. [...]

DOCUMENT 4 La procédure de licenciement

L'employeur doit non seulement se prévaloir d'un motif réel et sérieux de licenciement, qu'il y ait faute ou non de la part du salarié, mais également respecter les trois phases de la procédure, afin que le salarié soit confronté à la décision de l'employeur en connaissance de cause et qu'il puisse ainsi préparer sa défense. [...]

La convocation du salarié à un entretien préalable

Cet entretien est obligatoire. La convocation se fait soit par lettre recommandée avec AR, soit par lettre remise en mains propres contre décharge. La lettre doit indiquer l'objet de l'entretien (le licenciement ou la sanction envisagée), ainsi que les date, heure et lieu de l'entretien. [...]

La lettre de licenciement

Lorsque l'employeur, à l'issue de l'entretien, reste convaincu du licenciement, il doit obligatoirement envoyer au salarié une lettre de licenciement en recommandé avec accusé de réception.

La loi fixe un délai minimum d'expédition de deux jours ouvrables après la date de l'entretien s'il s'agit d'un licenciement pour motif personnel, ou de sept jours ouvrables s'il s'agit d'un licenciement pour motif économique.

En cas de faute, le délai maximum est de 1 mois après l'entretien préalable.

La lettre doit contenir très clairement :

- les motifs précis du licenciement [...] ;
- la durée du préavis à effectuer [...] ;
- les droits que le salarié a acquis au titre du CPF (compte personnel de formation). [...]

Les documents remis au salarié

Au départ de l'entreprise, l'employeur doit remettre au salarié :

- un certificat de travail ;
- une attestation destinée au Pôle emploi auprès duquel il devra s'inscrire ;
- une indemnité conventionnelle ou légale de licenciement (sauf faute grave ou lourde) ;
- l'indemnité compensatrice de congés payés (sauf faute lourde) ;
- un reçu pour solde de tout compte [...].

www.dossierfamilial.com

LE CAS

DOSSIER 3 :
La rupture du contrat de travail du fait de l'employeur

CAS DANALS : Le cadre du licenciement économique

La réorganisation du site AlsaLiens s'avère plus difficile que prévu. M. Kempf était responsable logistique chez AlsaLiens avant le rachat de l'entreprise. Son poste fait au final doublon avec celui d'un autre salarié de Danals. M. Grunenwald, qui n'avait pas réellement anticipé cette situation, souhaite proposer un poste de technicien logistique au salarié sans fonction d'encadrement.

Il se fait peu d'illusion sur la réaction du salarié et vous demande d'anticiper une réponse négative de sa part.

TRAVAIL DEMANDÉ

1. **Analysez la situation juridique.**
2. **Proposez une solution à M. Grunenwald en cas de refus du salarié.**

DOCUMENT 1 Extrait du contrat de travail de M. Kempf

Article 2 : M. KEMPF Frédérik exercera l'emploi de chef de service logistique, niveau 5, correspondant au coefficient 830 de la convention collective nationale de la plasturgie.
À ce poste, il sera notamment chargé de : définir et mettre en œuvre les procédures opérationnelles de réception, manipulation, stockage, chargement et déchargement des marchandises ; coordonner et contrôler la chaîne logistique ; répartir et gérer le personnel en fonction des évolutions des besoins ; contacter et négocier avec les autres unités, les fournisseurs, les fabricants, les transporteurs, les distributeurs et les clients ; analyser les problèmes logistiques et proposer des améliorations ; se tenir informé des changements, par exemple en matière de législation, de réglementation, de comportement de la clientèle.
Les missions et attributions indiquées précédemment ne présentent ni un caractère exhaustif ni un caractère définitif.

DOCUMENT 2 Extrait de la proposition de modification envisagée par M. Grunenwald

Article 2 : M KEMPF Frédérik exercera l'emploi de responsable logistique, niveau 4, correspondant au coefficient 810 de la convention collective nationale de la plasturgie.
À ce poste, il sera notamment chargé de : traiter l'approvisionnement des matières premières ; sélectionner les transporteurs, les transitaires et négocier les conditions tarifaires ; optimiser le stockage et la manutention ; assurer l'expédition des produits finis.
Les missions et attributions indiquées précédemment ne présentent ni un caractère exhaustif ni un caractère définitif.

DOCUMENT 3 Convention collective nationale de la plasturgie : accord du 5 septembre 2012 relatif aux salaires minima (extrait)

Coefficient	Valeur mensuelle (en €)	Coefficient	Valeur mensuelle (en €)
700	1 427	820	2 147
710	1 436	830	2 295
720	1 447	900	2 754
730	1 505	910	2 895
740	1 584	920	3 328
750	1 689	930	4 328
800	1 808	940	5 396
810	1 954		

DOCUMENT 4 Cause réelle et sérieuse du licenciement économique

Difficultés économiques, mutation technologique, réorganisation de l'entreprise... peuvent justifier des suppressions de postes. La jurisprudence considère qu'il y a difficultés économiques dans divers cas : mise en redressement judiciaire, cessation des paiements, résultats déficitaires, baisse d'activité entraînant une détérioration des résultats. [...]

Les mutations technologiques sont, quant à elles, admises comme cause première de licenciement économique, mais dans des conditions assez troubles : [...] Il semble dès lors très incertain de fonder un licenciement économique sur des mutations technologiques, d'autant que l'employeur est censé, dans ce cadre, assurer l'adaptation du salarié à la transformation de son emploi.

La réorganisation de l'entreprise, entraînant des suppressions d'emplois notamment, est aussi admise comme un motif premier valable d'un licenciement économique, mais seulement si cette réorganisation est une condition de la sauvegarde de la compétitivité de l'entreprise : autrement dit, pour faire appel à cette cause première, il vaut mieux, ironiquement, que l'entreprise soit déjà dans une situation économique et financière difficile, ou du moins qu'elle puisse prévoir, de manière étayée, que faute de réorganisation, sa situation économique va irrémédiablement se dégrader.

Une réorganisation motivée par une volonté d'améliorer les profits, ou de réduire les charges, n'est pas un motif réel et sérieux de licenciement économique. En revanche, si la réorganisation intervient pour anticiper des difficultés économiques prévisibles et mettre à profit une situation financière saine pour adapter ses structures à l'évolution de son marché dans les meilleures conditions, le licenciement sera fondé [...].

« Les principaux motifs de licenciement économique »
© Anne Alcaraz et Céline Gleize
/lexpress.fr/01.04.2009

vidéo sur le web 4' 27''

La modification du contrat de travail
lienmini.fr/d261contrat

1 Les conséquences du changement de situation juridique de l'employeur

Le salarié conserve [...] son ancienneté, sa qualification, sa rémunération, mais également les clauses, telles que la clause de non-concurrence ou la clause de mobilité. [...] La continuation du contrat permet au salarié de se prévaloir des avantages individuellement prévus par son contrat s'ils sont plus favorables que ceux prévus par l'éventuelle nouvelle convention devenue applicable du fait du changement d'employeur. [...] « Le nouvel employeur est tenu de maintenir les conventions individuelles négociées avec l'ancien employeur, ne pouvait y mettre fin qu'avec l'accord des salariés concernés ou dans les conditions convenues avec lui » (Cass. soc., 27 mai 2009).

www.infoprudhommes.fr

2 Les modalités de mise en œuvre des modifications de contrat de travail

La formulation par l'employeur de son intention de modifier votre contrat n'est pas toujours soumise à une forme particulière sauf en matière économique où la lettre recommandée avec accusé de réception s'impose. Cependant, compte tenu de l'importance du sujet, dans la pratique, c'est sous cette forme d'une lettre recommandée avec avis de réception que l'on reçoit cette proposition de modification.

La proposition doit être très clairement exposée. À défaut, le salarié pourrait invoquer un « vice de consentement ».

[...] Cette disposition est conforme à l'article 1134 du Code civil qui régit tous les contrats, ainsi qu'à l'article L. 1222-1 du Code du travail qui impose aux parties l'exécution de bonne foi du contrat de travail en particulier.

Le salarié doit disposer d'un délai de réflexion. Ce délai peut être expressément prévu : c'est le cas dans la modification pour cause économique du contrat de travail. Dans les autres cas, la jurisprudence, à défaut de dispositions dans la convention collective ou dans un accord d'entreprise, précise que ce délai doit être raisonnable et adapté à la modification en cause. [...]

www.infoprudhommes.fr

3 La modification du contrat de travail

L'employeur peut proposer au salarié une modification d'un élément essentiel de son contrat de travail [...]. Les éléments essentiels du contrat de travail ne font pas l'objet d'une définition légale. En font partie la rémunération, la qualification, la durée du travail [...] et, plus généralement, les attributions du salarié. La modification peut également porter sur un élément du contrat qui pouvait être déterminant pour le salarié lors de la conclusion du contrat à condition que cela soit stipulé par une clause claire et précise dans le contrat de travail ou dans un avenant à ce contrat.

www.travail-emploi.gouv.fr

4 Modification des conditions de travail ou du contrat : les conséquences du refus du salarié

- **Le simple changement des conditions de travail peut être imposé par l'employeur** dans le cadre de son pouvoir de direction. **Le refus du salarié** n'entraîne pas, à lui seul, la rupture du contrat, mais **constitue une faute professionnelle** que l'employeur peut sanctionner, au besoin par le licenciement. L'employeur peut éventuellement prononcer un licenciement pour faute grave, sans préavis ni indemnités.
- **La modification d'un élément essentiel du contrat de travail ne peut être imposée par l'employeur**, mais seulement proposée au salarié concerné. En cas de refus de ce dernier, il appartient à l'employeur, soit de renoncer à modifier le contrat, soit de licencier le salarié. Il doit alors respecter la procédure de licenciement, le préavis et, le cas échéant, verser des indemnités de licenciement.

www.travail-emploi.gouv.fr

5 Les différents types de licenciement

L'employeur peut licencier un salarié pour motif personnel non fautif (par exemple insuffisance professionnelle, mésentente, etc.) ou fautif (la faute pouvant être simple, grave ou même lourde), ou encore pour des raisons économiques (difficultés économiques nécessitant par exemple des suppressions de postes).

www.cci.fr

6 Le licenciement pour insuffisance professionnelle

Le licenciement pour insuffisance professionnelle intervient lorsque **le salarié ne remplit pas les tâches pour lesquelles il a été employé, en raison de son inaptitude**. Pour que le licenciement soit licite, il faut qu'il repose sur des faits objectivement précis et vérifiables (Cass. soc., 20 septembre 2006). Il faut en outre que les faits reprochés soient imputables au salarié. [...]

L'insuffisance professionnelle ne constitue pas une faute. **Le licenciement pour insuffisance professionnelle ne doit donc pas être assimilé au licenciement pour faute**. Le salarié ne pourra pas être licencié au motif que son incompétence constitue une faute professionnelle, faute de quoi le licenciement serait dépourvu de cause réelle et sérieuse. [...]

Le Journal du Net, www.jdn.com

7 Le licenciement pour motif économique

La notion de licenciement économique [...] suppose **un ou plusieurs motifs « non inhérents à la personne du salarié » et une « suppression ou transformation d'emploi ou d'une modification, refusée par le salarié, d'un élément essentiel du contrat de travail »**. Ces éléments devront résulter de « difficultés économiques » ou de « mutations technologiques » [...].

Lorsqu'un même motif conduit au licenciement d'au moins deux salariés, le licenciement est considéré collectif.

Les règles de procédure varient selon le type de licenciement économique. La procédure de grand licenciement économique offre aux salariés d'importantes protections et l'application du « plan de sauvegarde de l'emploi » [PSE]. Elle doit s'appliquer lorsque les entreprises de cinquante salariés et plus envisagent de se séparer de dix salariés ou plus en trente jours. [...]

L'employeur doit proposer un reclassement au salarié licencié ; en effet, le licenciement ne peut exister que si le salarié n'a pas pu être reclassé.

www.lemondepolitique.fr

8 Les conséquences du licenciement

Le licenciement conduit au départ du salarié après un délai de préavis, et avoir reçu un certain nombre d'indemnités.

Le **délai de préavis** accordé au salarié varie selon son ancienneté [...].

[...] L'**indemnité [de licenciement]** varie selon l'ancienneté du salarié : elle est due lorsque l'ancienneté est supérieure à un an ininterrompu. Elle est d'un cinquième de mois de salaire par année d'ancienneté ; à cela s'ajoute deux cinquièmes de mois de salaire par année d'ancienneté au-delà de dix ans d'ancienneté.

Le montant de ces indemnités peut être élevé par les conventions collectives ou dans certaines professions (ex. : journalisme).

www.lemondepolitique.fr

Compléments web

- Pouvoir de direction de l'employeur
lienmini.fr/d261compl23
- Modification du contrat de travail
lienmini.fr/d261compl24

Avant de commencer QCM

Modification et rupture du contrat de travail

Testez vos connaissances sur le chapitre 10 à l'aide d'un QCM interactif. Connectez-vous sur lienmini.fr/d261exo10

ElecIndus

OBJECTIF **Rédiger une note structurée** → Fiche Méthode 7, p. 155

SITUATION JURIDIQUE

Christian est à la tête d'une PME spécialisée dans les installations électriques dans les locaux industriels, ElecIndus. Il emploie dix salariés.

La semaine dernière a été difficile, car Didier, un salarié monteur de goulottes électriques, s'est grièvement blessé en tombant d'un escabeau lors d'une intervention sur un chantier.

Ses blessures sont telles qu'il apparaît évident que Didier, titulaire d'un CAP de maintenance électrique, ne pourra reprendre son travail au même poste.

1 Vérifiez si, en cas d'inaptitude de Didier, Christian est tenu de rechercher un reclassement au sein de l'entreprise.

2 Qualifiez juridiquement la rupture du contrat de travail qui pourrait intervenir si aucune possibilité de reclassement n'existe au sein de l'entreprise.

3 Vérifiez si Christian peut assimiler l'éventuel refus d'une proposition de reclassement par Didier à un refus de modification des conditions de travail.

ANNEXE 1 Code du travail

Article L. 1226-10

Lorsque, à l'issue des périodes de suspension du contrat de travail consécutives à un accident du travail ou à une maladie professionnelle, le salarié est déclaré inapte par le médecin du travail à reprendre l'emploi qu'il occupait précédemment, l'employeur lui propose un autre emploi approprié à ses capacités.

Cette proposition prend en compte, après avis des délégués du personnel, les conclusions écrites du médecin du travail et les indications qu'il formule sur l'aptitude du salarié à exercer l'une des tâches existant dans l'entreprise.

L'emploi proposé est aussi comparable que possible à l'emploi précédemment occupé, au besoin par la mise en œuvre de mesures telles que mutations, transformations de postes ou aménagement du temps de travail.

Article L. 1226-12

Lorsque l'employeur est dans l'impossibilité de proposer un autre emploi au salarié, il lui fait connaître par écrit les motifs qui s'opposent au reclassement.

L'employeur ne peut rompre le contrat de travail que s'il justifie soit de son impossibilité de proposer un emploi dans les conditions prévues à l'article L. 1226-10, soit du refus par le salarié de l'emploi proposé dans ces conditions. Il peut également rompre le contrat de travail si l'avis du médecin du travail mentionne expressément que tout maintien du salarié dans l'entreprise serait gravement préjudiciable à sa santé.

S'il prononce le licenciement, l'employeur respecte la procédure applicable au licenciement pour motif personnel [...].

ANNEXE 2 Le refus de reclassement

Attendu, selon l'arrêt attaqué, que M. X a été engagé le 27 avril 1992 par la société Somira applications ; qu'à la suite d'arrêts de travail pour maladie professionnelle, le salarié a, le 19 juin 2006, été déclaré inapte à son poste par le médecin du travail ; qu'il a été licencié le 6 octobre 2006 pour faute grave au motif qu'il avait « refusé sans motif légitime de reprendre le travail sur le poste de reclassement qui lui avait été proposé » ;

Attendu que pour débouter le salarié de ses demandes à titre de dommages-intérêts pour licenciement sans cause réelle et sérieuse, d'indemnité spéciale de licenciement et d'indemnité compensatrice de préavis, l'arrêt retient que le refus réitéré de M. X de rejoindre le poste de reclassement qui lui était proposé, alors qu'il était conforme aux préconisations du médecin du travail et n'entraînait aucune modification substantielle de son contrat de travail, ni même de ses conditions de travail, était manifestement abusif et que l'abus dans l'exercice d'un droit constitue nécessairement une faute puisqu'il expose son auteur à des réparations ou à des sanctions dans le cas prévu par l'article L. 1226-14, alinéa 2, du Code du travail de sorte qu'il ne peut être fait grief à l'employeur d'avoir engagé la procédure de licenciement sur le terrain disciplinaire ;

Qu'en statuant ainsi, alors que le salarié déclaré inapte à son poste à la suite d'un accident du travail ou d'une maladie professionnelle est en droit de refuser le poste de reclassement proposé et qu'il appartient à l'employeur de tirer les conséquences d'un tel refus, soit en formulant de nouvelles propositions, soit en procédant au licenciement de l'intéressé au motif de l'impossibilité de reclassement et que le caractère abusif d'un refus, à le supposer établi, a pour seule conséquence de lui faire perdre le bénéfice des indemnités spécifiques prévues par l'article L. 1226-14 du Code du travail, la cour d'appel a violé les textes susvisés ;

PAR CES MOTIFS [...]
CASSE ET ANNULE [...] ;

Cour de cassation, Chambre sociale, 25 mai 2011

ANNEXE 3 Évolution législative

Lorsqu'un travailleur est déclaré inapte physiquement à son poste par le médecin du travail, l'employeur doit systématiquement rechercher un emploi adapté à ses capacités. Ce n'est qu'à défaut de poste disponible ou en cas de refus par le salarié des propositions de reclassement que l'employeur peut engager une procédure de licenciement pour inaptitude.

Par exception à ce principe, depuis le 19 août dernier, l'employeur peut rompre le contrat de travail sans rechercher un poste de reclassement si le médecin du travail précise expressément que « tout maintien du salarié dans l'entreprise serait gravement préjudiciable à sa santé ». Attention toutefois, car cette dispense ne concerne que les salariés déclarés inaptes suite à un accident du travail ou une maladie professionnelle.

www.business.lesechos.fr

MODIFICATION ET RUPTURE DU CONTRAT DE TRAVAIL

LES ÉVOLUTIONS DU CONTRAT DE TRAVAIL

deux scénarii possibles

MODIFICATIONS DU CONTENU DU CONTRAT EN VERTU DU POUVOIR DE DIRECTION DE L'EMPLOYEUR

Modifications des conditions de travail (l'employeur peut les imposer)

- Le salarié **refuse** les modifications → L'employeur choisit soit de continuer le contrat aux anciennes conditions, soit de licencier le salarié pour faute → Procédure de licenciement
- Le salarié **accepte** les modifications → Un avenant au contrat de travail est signé par les deux parties, cet avenant reprend les nouvelles modalités du contrat

Modifications du contrat de travail (l'employeur ne peut que les proposer)

- Le salarié **accepte** les modifications → Un avenant au contrat de travail est signé par les deux parties, cet avenant reprend les nouvelles modalités du contrat
- Le salarié **refuse** les modifications → L'employeur choisit soit de continuer le contrat, soit de licencier le salarié en versant les indemnités prévues par la loi → Procédure de licenciement

Procédure de licenciement dans le respect du principe du contradictoire

- Énoncer clairement la cause du licenciement au salarié
- Respecter le délai de préavis (sauf circonstances particulières)

et, en cas de licenciement économique

- Consulter les instances représentatives du personnel
- Mettre en place des mesures de reclassement

CHANGEMENT DANS LA SITUATION JURIDIQUE DE L'EMPLOYEUR (fusion, acquisition, changement de dirigeant au sein de la même entreprise)

→ **Poursuite du contrat de travail aux anciennes conditions sans aucun impact sur le contenu du contrat de travail**

CHAPITRE 11

Le droit négocié, élément essentiel de la relation de travail

Le contexte économique de concurrence accrue exerce une influence sur le cadre juridique de la relation collective de travail dont il convient d'étudier le sens et la portée.

La relation de travail se définit de plus en plus par la négociation collective comme le prévoit d'ailleurs expressément la loi.

Le cas Croset va nous permettre d'étudier :

Dossier 1. L'action syndicale

Dossier 2. La négociation d'un accord de compétitivité

LES COMPÉTENCES

- Identifier les enjeux d'une négociation collective
- Repérer l'articulation de diverses sources du droit dans une situation de travail donnée

LES NOTIONS

- Syndicat professionnel de salariés
- Convention collective
- Accord collectif
- Accord national interprofessionnel
- Arrêté d'extension
- Accord dérogatoire
- Hiérarchie des normes
- Principe de faveur
- Représentativité

CAS CROSET

Franck, 30 ans, est menuisier, contrôleur qualité depuis 7 ans dans une unité de production du groupe Croset qui regroupe 175 salariés. Il est très fier de l'image de modernité que dégage son entreprise à travers ses designers mondialement reconnus, mais également de l'attachement de cette entreprise familiale à sa région.

Ce sont les difficultés que rencontre son entreprise (93 licenciements sur cinq sites de production du fait d'un manque de commandes) qui poussent Franck à s'engager dans une voie nouvelle pour lui : l'action syndicale.

Il est persuadé que les salariés doivent devenir des partenaires de l'entreprise pour affronter la crise économique qui fragilise son entreprise.

■ **Connaissant vos compétences juridiques, Franck vous demande conseil pour bien appréhender ce monde des partenaires sociaux qu'il découvre.**

DOSSIER 1 : L'action syndicale

CAS CROSET : La place des partenaires sociaux

C'est à l'occasion des mouvements sociaux qui ont secoué l'entreprise (débrayages, manifestations...) que Franck s'est syndiqué auprès du syndicat Pour tous ! et qu'il a vraiment découvert l'action syndicale. Par ailleurs, l'actualité politique et économique nationale met régulièrement les partenaires sociaux au centre de l'évolution législative. Face à ces nombreuses facettes de l'action syndicale, Franck est un peu perdu et vous demande quelques précisions.

TRAVAIL DEMANDÉ

Délégué syndical
→ lexique, p. 158

Syndicat
→ lexique, p. 159

1. **Vérifiez si Franck remplit les conditions pour pouvoir prétendre au statut de délégué syndical.**
2. **Montrez la cohérence entre les missions des délégués syndicaux et les moyens qui leur sont attribués. Présentez et justifiez leur qualité de salarié protégé.**
3. **Recherchez si le syndicat Pour tous ! peut être considéré comme représentatif dans l'entreprise. Identifiez les conditions de représentativité au niveau national.**
4. **Vérifiez si les récentes évolutions législatives peuvent s'analyser comme une amélioration des conditions de travail des délégués syndicaux.**

DOCUMENT 1 Code du travail

Article L. 2121-1

La représentativité des organisations syndicales est déterminée d'après les critères cumulatifs suivants :
1° Le respect des valeurs républicaines ;
2° L'indépendance ;
3° La transparence financière ;
4° Une ancienneté minimale de deux ans dans le champ professionnel et géographique couvrant le niveau de négociation [...] ;
5° L'audience établie selon les niveaux de négociation [...] ;
6° L'influence, [...] caractérisée par l'activité et l'expérience ;
7° Les effectifs d'adhérents et les cotisations.

Article L. 2122-1

Dans l'entreprise ou l'établissement, sont représentatives les organisations syndicales qui satisfont aux critères de l'article L. 2121-1 et qui ont recueilli au moins 10 % des suffrages exprimés au premier tour des dernières élections des titulaires au comité d'entreprise ou de la délégation unique du personnel ou, à défaut, des délégués du personnel, quel que soit le nombre de votants.

Article L. 2122-9

Sont représentatives au niveau national et interprofessionnel les organisations syndicales qui :
1° Satisfont aux critères de l'article L. 2121-1 ;
2° Sont représentatives à la fois dans des branches de l'industrie, de la construction, du commerce et des services ;
3° Ont recueilli au moins 8 % des suffrages exprimés résultant de l'addition au niveau national et interprofessionnel des suffrages exprimés au premier tour des dernières élections des titulaires aux comités d'entreprise ou de la délégation unique du personnel ou, à défaut, des délégués du personnel, quel que soit le nombre de votants, des suffrages exprimés au scrutin concernant les entreprises de moins de onze salariés dans les conditions prévues aux articles L. 2122-10-1 et suivants ainsi que des suffrages exprimés aux élections des membres représentant les salariés aux chambres départementales d'agriculture [...]. La mesure de l'audience s'effectue tous les quatre ans.

DOCUMENT 2 Note d'information affichée sur le tableau syndical dans l'entreprise

Les salariés protégés : qui sont-ils ? Quelles protections ?
Le Code du travail a créé le statut de salarié protégé pour renforcer le statut de certains salariés au regard des missions spécifiques qui leur sont attribuées au sein de l'entreprise ou de leurs situations particulières.
Il existe deux grandes catégories de salariés protégés : les femmes enceintes et les salariés victimes d'accidents de travail ou de maladie professionnelle d'une part et, d'autre part, les représentants du personnel.
Sont considérés comme représentants du personnel : les délégués du personnel, les membres du comité d'entreprise, les représentants et délégués syndicaux, les membres du Comité d'hygiène, de sécurité et des conditions de travail (CHSCT), les conseillers prud'homaux et les candidats aux élections prud'homales, ainsi que les salariés mandatés pour négocier des accords collectifs.
Les contrats de travail des salariés protégés ne peuvent être résiliés, même à l'amiable, sans l'autorisation de l'Inspection du travail. Une autorisation administrative sera également nécessaire pour toute modification du contrat de travail, changement dans les conditions de travail ou renouvellement de CDD.

Syndicat Pour tous !

DOCUMENT 3 Présentation du syndicat Pour tous !

Comité d'entreprise
→ lexique, p. 157

Délégué du personnel
→ lexique, p. 158

Le syndicat Pour tous ! est présent dans notre entreprise depuis plus de vingt ans, il a suivi attentivement toutes les évolutions de celle-ci en participant à la sauvegarde des intérêts des salariés.
Depuis vingt ans, vous nous faites confiance pour vous représenter dans les instances de décisions de notre entreprise.
Dans notre entreprise comme au niveau national, le syndicat Pour tous ! s'organise autour des valeurs fortes que sont : la démocratie, l'indépendance et l'autonomie. Ces piliers sont le gage de notre efficacité dans la défense de vos intérêts.
Aux dernières élections du comité d'entreprise, vous avez élu quatre représentants de notre syndicat sur cinq sièges à pourvoir.

Syndicat Pour tous !

DOCUMENT 4 Une nouveauté : la valorisation des parcours syndicaux

Entretiens avec l'employeur sur les modalités d'exercice du mandat syndical et la valorisation des acquis de l'expérience
À la demande de l'élu du personnel ou du titulaire d'un mandat syndical, l'employeur organise un entretien individuel sur les modalités pratiques d'exercice de son mandat. Il y a un accompagnement possible par une personne de son choix appartenant au personnel de l'entreprise.
La loi [relative au dialogue social et à l'emploi] prévoit la possibilité d'un entretien de fin de mandat en cas d'occupation à 30 % ou plus du temps de travail.

Reconnaissance et validation des parcours syndicaux
Les pouvoirs publics établissent une liste des compétences correspondant à l'exercice d'un mandat de représentant du personnel ou de délégué syndical.

www.cfecgc.org

Complément web
La valorisation des parcours syndicaux et de l'engagement collectif dans l'entreprise
lienmini.fr/d261compl25

DOSSIER 2 : La négociation d'un accord de compétitivité

CAS CROSET : Les limites de la négociation collective

Depuis la fin des années 2000, les ventes sont à la baisse. Malgré deux plans de sauvegarde de l'emploi, l'entreprise ne retrouve pas de volume de ventes satisfaisant.

La direction de l'entreprise envisage d'utiliser le nouveau mécanisme des accords de compétitivité. Il s'agit de conclure un accord collectif entre les représentants de l'employeur et les représentants de salariés au sein de l'entreprise.

Franck trouve l'idée d'un accord d'entreprise très intéressante. Il compte sur vous pour l'éclairer sur plusieurs points.

Accord collectif
→ lexique, p. 157

Négociation collective
→ lexique, p. 159

TRAVAIL DEMANDÉ

1 **Précisez le caractère dérogatoire de certains accords d'entreprise.**

2 **Identifiez les caractéristiques spécifiques des accords de compétitivité par rapport aux accords d'entreprise classiques et vérifiez la validité des propositions de la direction.**

3 **Retrouvez les enjeux d'une telle négociation pour les partenaires sociaux.**

DOCUMENT 1 Code du travail

Article L. 2221-2

La convention collective a vocation à traiter de l'ensemble des matières mentionnées à l'article L. 2221-1, pour toutes les catégories professionnelles intéressées.
L'accord collectif traite un ou plusieurs sujets déterminés dans cet ensemble.

Article L. 2232-12

La validité d'un accord d'entreprise ou d'établissement est subordonnée à sa signature par une ou plusieurs organisations syndicales de salariés représentatives ayant recueilli au moins 30 % des suffrages exprimés au premier tour des dernières élections des titulaires au comité d'entreprise ou de la délégation unique du personnel ou, à défaut, des délégués du personnel, quel que soit le nombre de votants, et à l'absence d'opposition d'une ou de plusieurs organisations syndicales de salariés représentatives ayant recueilli la majorité des suffrages exprimés à ces mêmes élections, quel que soit le nombre de votants.

Article L. 2253-3

En matière de salaires minima, de classifications, de garanties collectives complémentaires mentionnées à l'article L. 912-1 du Code de la sécurité sociale et de mutualisation des fonds de la formation professionnelle, une convention ou un accord d'entreprise ou d'établissement ne peut comporter des clauses dérogeant à celles des conventions de branche ou accords professionnels ou interprofessionnels.
Dans les autres matières, la convention ou l'accord d'entreprise ou d'établissement peut comporter des stipulations dérogeant en tout ou en partie à celles qui lui sont applicables en vertu d'une convention ou d'un accord couvrant un champ territorial ou professionnel plus large, sauf si cette convention ou cet accord en dispose autrement.

DOCUMENT 2 Extraits d'une présentation des accords majoritaires de maintien de l'emploi distribuée aux salariés par la direction de l'entreprise

Les accords de maintien de l'emploi constituent un nouvel outil à disposition des partenaires sociaux pour éviter les licenciements en cas de dégradation de la conjoncture économique dans les entreprises. Ainsi, l'employeur s'engage à préserver l'emploi et, en contrepartie, les salariés à faire des concessions temporaires (durée maximale de deux ans) qui peuvent porter sur leur durée de travail, les modalités d'organisation de leur temps de travail, ainsi que sur leur rémunération. Ils gardent toutefois la possibilité, individuellement, d'accepter ou de refuser l'application de l'accord. En cas de refus, leur licenciement est prononcé selon les modalités d'un licenciement individuel pour motif économique.

Pendant la durée de l'accord, l'employeur ne peut procéder à aucune rupture de contrat de travail pour motif économique des salariés entrant dans son champ d'application.

Enfin, l'accord de maintien de l'emploi ne peut pas déroger aux accords de niveau supérieur en matière de salaires minima, de classification, de garanties collectives complémentaires et de mutualisation des fonds de la formation professionnelle.

Pour renforcer leur légitimité, la validité de ces accords est subordonnée à leur signature par une ou plusieurs organisations syndicales de salariés représentatives ayant recueilli au moins 50 % des suffrages exprimés en faveur d'organisations représentatives au premier tour des dernières élections professionnelles, quel que soit le nombre de votants. Pour ces accords, il n'est pas prévu de droit d'opposition des syndicats non signataires, dans la mesure où l'accord doit obligatoirement être majoritaire ce qui n'est pas nécessairement le cas pour les accords d'entreprise « de droit commun ».

La direction

DOCUMENT 3 Extraits des propositions de la direction de Croset dans le cadre de la négociation d'un accord majoritaire de maintien de l'emploi

Salariés concernés : Tous les salariés rattachés à un service de production
Durée de l'accord : trois ans
Contenu :

- Réorganisation complète de la production en passant d'une organisation en trois équipes vers une organisation ne comprenant que deux équipes.
- Diminution du temps de travail en conséquence afin de garder tous les salariés.
- Diminution des rémunérations à la hauteur de la diminution du temps de travail.
- Réduction des montants de cotisations à la formation professionnelle au niveau prévu par la loi (fin de l'application de la convention de branche sur ce point).

L'entreprise se garde la possibilité de réduire les effectifs des services administratifs en cas de nécessité.

La direction

DOCUMENT 4 Les apports de la loi pour la croissance, l'activité et l'égalité des chances économiques du 6 août 2015, dite loi Macron

La nouvelle loi porte la durée des accords de compétitivité à 5 ans, en prévoyant un bilan de son application à l'issue des deux premières années.
Ces accords peuvent dorénavant prévoir d'être suspendus en cas d'aggravation ou d'amélioration de la situation économique de l'entreprise sans devoir en passer par une décision du président du tribunal de grande instance.
Pour finir, la nouvelle loi n'est applicable qu'aux accords conclus après sa promulgation.

Note d'actualité rédigée par le syndicat Pour tous !

1 Les conditions pour devenir délégué syndical

Pour être désigné en qualité de délégué syndical (par un syndicat représentatif), le salarié doit être âgé de dix-huit ans révolus, travailler dans l'entreprise depuis un an au moins et n'avoir fait l'objet d'aucune interdiction, déchéance ou incapacité relative à ses droits civiques. Le délai d'un an est réduit à quatre mois en cas de création d'entreprise ou d'ouverture d'établissement. […]

Le salarié qui **soit dispose d'une délégation écrite particulière d'autorité permettant de l'assimiler au chef d'entreprise, soit représente effectivement l'employeur devant les institutions représentatives du personnel** (comité d'entreprise, délégués du personnel, CHSCT...) ne peut être désigné en qualité de délégué syndical.

www.business.lesechos.fr

Déchéance
→ lexique, p. 158

Institution
→ lexique, p. 159

Complément web
La représentativité
lienmini.fr/d261compl26

2 Les missions des délégués syndicaux

Les DS [délégués syndicaux] ou RSS [représentants de section syndicale[1]] représentent leurs syndicats auprès de l'employeur et assurent la défense des salariés.

Ainsi, ils peuvent notamment :
- **formuler des propositions**, des revendications ou des réclamations auprès de l'employeur ;
- **assister le salarié** qui le souhaite **lors d'un entretien préalable à une sanction disciplinaire** ;
- assister, voire **représenter**, les salariés **auprès du conseil des prud'hommes**.

Les DS négocient en outre avec l'employeur les conventions et accords d'entreprise.

Chaque année, **l'employeur doit convoquer les DS pour négocier** sur :
- les salaires, la durée et l'organisation du temps de travail ;
- les objectifs en matière d'égalité professionnelle entre hommes et femmes et les moyens de les atteindre ;
- les mesures relatives à l'insertion professionnelle et au maintien dans l'emploi des travailleurs handicapés. […]

www.vosdroits.service-public.fr

1. **Représentant de section syndicale** : il agit pour un syndicat non représentatif dans l'entreprise. Il n'a aucun pouvoir de négociation avec l'employeur.

Vidéo sur le web
10' 17"
Le délégué syndical
lienmini.fr/d261ds

3 Les accords dérogatoires issus de la loi du 4 mai 2004

[…] Il revient désormais aux signataires d'une convention de déterminer, clause par clause, quelle est sa portée sur les accords couvrant un champ territorial ou professionnel moins large.

Lorsque la convention est silencieuse, les accords collectifs (de champ moins large) peuvent librement y déroger. En revanche, lorsque les signataires de la convention de branche décident de conférer en tout ou partie une valeur impérative à celle-ci, les accords collectifs ne peuvent s'en écarter que dans un sens plus favorable aux salariés. Toutefois, cette règle ne vaut que pour les accords conclus ou révisés postérieurement à l'entrée en vigueur de la loi du 4 mai 2004.

Olivier Mériaux, Jean-Yves Kerbourc'h et Carine Seiler, *Évaluation de la loi du 4 mai 2004 sur la négociation d'accords dérogatoires dans les entreprises*

4 Les moyens attribués aux délégués syndicaux

- **Crédit d'heures :** le représentant dispose d'heures de délégation pour se consacrer à l'exercice de ses fonctions. Ce temps, qui varie en fonction de la taille de l'entreprise, est considéré comme du temps de travail.

Effectif de l'entreprise	Temps de délégation par DS et par mois
De 50 à 150 salariés	10 heures
De 151 à 500 salariés	15 heures
Plus de 500 salariés	20 heures

- **Déplacement :** pour l'exercice de leurs fonctions, le DS ou le RSS peuvent, durant leurs heures de délégation, se déplacer hors de l'entreprise. Ils peuvent également circuler librement dans l'entreprise [...].
- **Communication :** la section syndicale dispose d'un panneau d'affichage dans l'établissement. Elle peut organiser des réunions, en dehors du temps de travail. Elle peut distribuer des tracts, aux heures d'entrée et de sortie du travail.

www.vosdroits.service-public.fr

5 La garantie de non-discrimination salariale

Ce que change la loi relative au dialogue social et à l'emploi du 18 août 2015

Un mécanisme de garantie de non-discrimination salariale sera institué. Il concernera l'ensemble des représentants dont les heures de délégation représentent 30 % ou plus de leur temps de travail. Ces derniers seront assurés de bénéficier d'une augmentation de rémunération comparable à celle de la moyenne des autres salariés.

www.travail-emploi.gouv.fr

6 Conventions et accords collectifs

La négociation d'**une convention** ou d'**un accord d'entreprise permet d'adapter les règles du Code du travail aux spécificités et besoins de l'entreprise**. Ce sont, en principe, les délégués syndicaux qui négocient avec l'employeur. Mais [...] un accord peut être conclu, sous certaines conditions, par les représentants élus du personnel au comité d'entreprise (ou, à défaut, par les délégués du personnel) ou, en l'absence de représentants élus, par un salarié spécifiquement mandaté. La négociation peut être obligatoire (avec des thèmes et un rythme imposés) ou libre. Dans tous les cas, les accords d'entreprise sont soumis à certaines conditions de validité, et au respect de formalités spécifiques. [...]

Un accord collectif ne peut qu'améliorer la situation des salariés par rapport aux dispositions de la loi, sauf si cette dernière en dispose autrement. Mais un accord d'entreprise peut comporter des dispositions moins favorables qu'un accord couvrant un champ territorial ou professionnel plus large (accord de branche par exemple) sauf dans deux cas :
- lorsque l'accord de branche lui-même l'interdit ;
- lorsque l'accord d'entreprise porte sur les domaines suivants : salaires minima, classification, garanties collectives de protection sociale complémentaire, mutualisation des fonds de la formation professionnelle.

www.travail-emploi.gouv.fr

Compléments web

Les accords majoritaires de maintien de l'emploi
lienmini.fr/d261compl27

Les accords dérogatoires
lienmini.fr/d261compl28

Avant de commencer QCM

Le droit négocié, élément essentiel de la relation de travail

Testez vos connaissances sur le chapitre 11 à l'aide d'un QCM interactif. Connectez-vous sur lienmini.fr/d261exo11

CAPEB

OBJECTIF **Réaliser une qualification juridique** → Fiche Méthode 3, p. 148

SITUATION JURIDIQUE

Vous avez obtenu un stage auprès de la Confédération de l'artisanat et des petites entreprises du bâtiment (CAPEB) de votre département.

Votre manager prépare une intervention devant des chefs de très petites entreprises (TPE) portant sur le thème du dialogue social dans les TPE.

Pour compléter son travail, il vous demande de faire quelques recherches.

1 Présentez dans une note structurée les institutions représentatives du personnel dans les TPE, ainsi que la représentativité des syndicats de salariés dans les TPE.

2 Votre manager veut donner des exemples précis à son auditoire, il envisage de le faire à travers des cas fictifs. Il vous demande de vérifier, par exemple, si Syrius dirigeant d'une TPE de 9 salariés a raison d'affirmer qu'il n'est pas concerné par les négociations annuelles obligatoires.

ANNEXE 1 La CAPEB

La Confédération de l'artisanat et des petites entreprises du bâtiment est l'organisation professionnelle représentative des 350 784 entreprises artisanales du bâtiment. Indépendante de la puissance publique, la CAPEB se mobilise depuis 1946 pour promouvoir, défendre, représenter les intérêts économiques et sociaux des entreprises artisanales du bâtiment.

www.capeb.fr

ANNEXE 2 TPE : quel effectif ?

Les TPE, pour très petites entreprises, désignent en France des entreprises qui emploient moins de 10 salariés, et dont le chiffre d'affaires annuel est inférieur à 2 millions d'euros. Depuis 2008, une autre terminologie est utilisée pour qualifier ces TPE, celle de la microentreprise.

www.journaldunet.com

ANNEXE 3 Dialogue social et seuil d'effectif

En matière de dialogue social, les seuils de 11 et 50 salariés sont primordiaux. En effet, il n'existe pas d'obligations dans ce domaine pour les entreprises de moins de 11 salariés. À partir de 11 salariés, une entreprise doit organiser l'élection de délégués du personnel (DP). Le passage de 49 à 50 employés impose la création d'un comité d'entreprise (CE) et d'un comité d'hygiène, de sécurité et des conditions de travail (CHSCT), ainsi que la mise en place d'un plan de sauvegarde de l'emploi (PSE) en cas de licenciement économique (plus de 10 salariés sur 30 jours).

www.vie-publique.fr

ANNEXE 4 Les Commissions paritaires régionales interprofessionnelles

La loi du 17 août 2015 relative au dialogue social et à l'emploi, dite « loi Rebsamen », prévoit la création de commissions paritaires régionales pour les salariés et les employeurs des entreprises de moins de 11 salariés relevant des branches professionnelles qui n'ont pas mis en place de telles commissions.

Ces commissions auront pour compétence :
- de donner aux salariés et aux employeurs toutes informations ou tous conseils utiles sur les dispositions légales ou conventionnelles qui leur sont applicables ;
- d'apporter des informations, de débattre et de rendre tout avis utile sur les questions spécifiques aux entreprises de moins de 11 salariés et à leurs salariés, notamment en matière d'emploi, de formation, de gestion prévisionnelle des emplois et des compétences, de conditions de travail, de santé au travail, d'égalité professionnelle, de travail à temps partiel et de mixité des emplois ;
- de faire des propositions en matière d'activités sociales et culturelles ;
- de faciliter la résolution de conflits individuels ou collectifs n'ayant pas donné lieu à saisine d'une juridiction. [...]

Les membres de la commission auront [...] accès aux entreprises, mais seulement sur autorisation de l'employeur ; ils bénéficieront d'autorisations d'absences et d'heures de délégation. Ils se voient octroyer le statut de salarié protégé au sein de leur entreprise.

www.village-justice.com

ANNEXE 5 La représentativité des syndicats dans les TPE

Puisque les salariés des entreprises de moins de 11 salariés n'élisent pas de délégué du personnel, un scrutin national a lieu tous les 4 ans pour établir la représentativité syndicale dans les TPE et déterminer le poids de leur signature dans les futurs accords collectifs de branche.

www.journaldunet.com

ANNEXE 6 Les négociations obligatoires

L'obligation de négocier concerne l'ensemble des entreprises du secteur privé dès lors que sont constituées une ou plusieurs sections syndicales d'organisations représentatives.

Même si le texte ne le précise pas, seules sont concernées les entreprises dans lesquelles ont été désignés des délégués syndicaux, interlocuteurs privilégiés de l'employeur pour négocier et conclure des accords collectifs.

www.cci.fr

ANNEXE 7 Les délégués syndicaux

Les **délégués syndicaux** sont désignés par les organisations syndicales représentatives dans les entreprises d'au moins 50 salariés. Leur rôle est de **représenter leur syndicat** dans la défense des intérêts collectifs des travailleurs, d'exprimer des revendications auprès du chef d'entreprise et de négocier avec lui des accords collectifs.

www.juritravail.com

LE DROIT NÉGOCIÉ

LES PARTENAIRES SOCIAUX

participent à → **LA NÉGOCIATION COLLECTIVE**

- *les syndicats représentatifs peuvent négocier*
  - **Au niveau national ou au niveau des branches d'activité : des conventions ou accords collectifs**
  - **Au niveau de l'entreprise : des accords collectifs dérogatoires ou non**
  - **Au niveau de l'entreprise : des accords majoritaires de maintien de l'emploi**

sont en relation avec → **LE POUVOIR EXÉCUTIF**

- *lorsqu'il leur présente* → **Les orientations de la politique du gouvernement**
  - *dans le domaine*
    - Des relations individuelles et collectives
    - De l'emploi
    - De la formation professionnelle
- *lorsqu'il leur propose* → **De négocier au niveau national et interprofessionnel de manière à faire évoluer la négociation en projet de loi**
  - Le projet de loi est transmis au pouvoir législatif pour qu'il le transforme en loi

collaborent à → **LA GESTION ET AU FONCTIONNEMENT DES INSTANCES PARITAIRES**

CHAPITRE 12

Le choix d'une structure juridique

La création d'une activité économique nécessite de lui donner une structure juridique adaptée pour lui permettre d'effectuer des opérations juridiques. Le choix de cette structure juridique dépend des motivations du créateur.

Le développement de l'entreprise peut aussi susciter un changement de structure. Il peut s'agir notamment de l'apport en société d'une entreprise individuelle ou de la modification de la forme sociale en fonction des motivations nouvelles des décideurs.

Le cas Metena va nous permettre d'étudier :

Dossier 1. Les motivations du créateur d'entreprise

Dossier 2. Le choix d'une structure adaptée

Dossier 3. La modification du statut de l'entreprise en société

LES COMPÉTENCES

- Identifier les motivations du ou des créateur(s)
- Justifier le choix d'une structure adaptée à une situation donnée

LES NOTIONS

- Organisation à but lucratif ou à but non lucratif
- Régime matrimonial
- Statut fiscal
- Statut social
- Responsabilité
- Structures juridiques

CAS METENA

Mario Metena est peintre en bâtiment, salarié depuis plus de quinze ans pour la SARL Peintres et Peinture, à Castres (81). Il a suivi diverses formations et a acquis une solide réputation de bon professionnel auprès de ses collègues. Certains clients le réclament sur leurs chantiers. Aujourd'hui, riche de son expérience, il envisage de se mettre à son compte. En devenant chef d'entreprise, il sait que ce changement peut le placer dans une situation plus risquée du fait des imprévus de la vie professionnelle, mais il souhaite tout de même approfondir son projet.

Avant de prendre sa décision, Mario Metena veut faire le point sur ses motivations et ses contraintes pour choisir la structure juridique qui conviendra le mieux à son projet. En tant qu'assistant dans son cabinet de conseil juridique, vous l'aidez dans sa démarche.

DOSSIER 1 : Les motivations du créateur d'entreprise

CAS METENA : Les critères de choix d'une structure juridique

Mario souhaite s'investir pleinement dans son entreprise. Il veut pouvoir gérer lui-même ses affaires et espère offrir des revenus plus élevés à sa famille. Cathy, son épouse, adhère à ce projet à une condition : elle souhaite que la maison qu'ils ont acquise ne puisse pas être saisie en cas de difficultés de l'entreprise. Ils décident d'investir leurs 18 000 € d'économies dans une camionnette aménagée et de transformer le garage de leur résidence en local professionnel.

Mario se pose des questions sur les structures juridiques existantes et sur la différence entre les structures à but lucratif et celles à but non lucratif.

TRAVAIL DEMANDÉ

1 Mettez en évidence les conséquences du choix d'un statut juridique sur un entrepreneur.

2 Relevez les différentes motivations de Cathy et de Mario face à ce choix d'un statut juridique.

3 Mario hésite à choisir une structure à but lucratif ou non lucratif. Dans une note, présentez-lui la différence entre les deux et conseillez-le sur l'une de ces structures.

DOCUMENT 1 La note du conseiller de la chambre de commerce et d'industrie (CCI)

À : mmetena@mamessagerie.fr
Objet : Création d'entreprise

Monsieur,

Vous envisagez de créer une entreprise. Avant de vous lancer, il vous faut bien choisir le statut de votre structure : il fixe le cadre juridique de votre projet et détermine votre position face à la fiscalité, votre protection sociale, ainsi que les risques financiers encourus.
Les critères qui distinguent principalement les différents statuts sont les suivants :
- Le but lucratif ou non de votre entreprise. Certaines structures permettent de se partager les bénéfices, d'autres non.
- Votre volonté de diriger seul ou de vous associer : vous pouvez diriger seul et être le « seul maître à bord » ; ou alors vous pouvez décider de partager le pouvoir, soit par choix s'il s'agit d'un projet commun avec des amis, des partenaires... soit par obligation si vous ne disposez pas du financement nécessaire à la constitution de l'entreprise.
- Les apports dont vous disposez. Certaines structures juridiques d'entreprise imposent un capital important, alors que pour d'autres le capital est librement déterminé. Vous devez donc connaître la somme dont vous disposez afin de prendre part au capital.
- La responsabilité financière : Certaines structures représentent un risque financier et votre responsabilité sera engagée. En cas de difficultés financières de votre entreprise, les créanciers pourront faire saisir vos biens personnels. Votre régime matrimonial est alors un élément important ;

D'autres structures limitent cette responsabilité aux montants de vos apports.

Bien cordialement,
M. Daydé

DOCUMENT 2 Extrait d'une discussion avec Paul, un ami, créateur d'entreprise

Mario : Comment as-tu fait quand tu as eu envie de t'installer à ton compte ?
Paul : Tu sais, j'ai obtenu de nombreux conseils en me rendant à la chambre des métiers. Au début, je ne savais pas trop et j'avais peur de perdre mon statut de salarié. On m'avait dit qu'en créant sa propre entreprise, on pouvait dans certains cas obtenir un statut assimilé salarié : même protection sociale que le salarié au niveau des prestations maladie, famille… Mais une grosse différence si je perdais mon emploi : pas de prestation chômage !
Mario : Il paraît qu'en tant que travailleur non salarié, on paie beaucoup, mais qu'on est mal protégé…
Paul : Faut bien te renseigner. La protection sociale des non-salariés a beaucoup évolué. Aujourd'hui, les travailleurs non salariés payent moins de cotisations que les salariés et en plus les prestations auxquelles ils ont droit sont quasiment équivalentes. Bien sûr, on n'a toujours pas le droit aux prestations chômage, mais en même temps on ne peut avoir tout avoir.
Mario : Pour le statut fiscal, tu paies un impôt sur les sociétés ? Ou un impôt sur le revenu ?
Paul : Ça dépend du statut juridique que tu choisis : soit ce sera ta société qui sera soumise à l'impôt sur les sociétés selon les bénéfices réalisés et toi, tu paieras en fonction de ta rémunération, soit ce sera toi en tant qu'exploitant ou associé personne physique qui sera soumis à l'impôt sur le revenu. Dans certains cas, tu pourras même changer une fois de statut fiscal. Mais quand ce changement de statut fiscal est possible, il faut bien réfléchir aux conséquences. Si tu es soumis à l'impôt sur les sociétés, ton bénéfice net sera taxé à 15 % (taux réduit) voire 33 % (taux normal) et toi, tu seras imposé sur ta rémunération. Si tu es soumis à l'impôt sur le revenu au titre du BIC, cela dépendra du chiffre d'affaires que tu as réalisé.
Mario : Donc tout ça se calcule au cas par cas…

DOCUMENT 3 Définition de l'association

L'association est la convention par laquelle deux ou plusieurs personnes mettent en commun, d'une façon permanente, leurs connaissances ou leur activité dans un but autre que de partager des bénéfices. Elle est régie, quant à sa validité, par les principes généraux du droit applicables aux contrats et obligations.

Article 1 de la loi du 1er juillet 1901 relative au contrat d'association

DOCUMENT 4 La notion de distribution du bénéfice en association

Si l'association ne souhaite pas se voir reconnaître une gestion intéressée, elle doit affecter ses bénéfices à l'exécution de ses prestations. Elle conserve ainsi son caractère non lucratif et n'est pas soumise aux impôts commerciaux.
Si l'association décide de distribuer ses bénéfices à ses membres, elle n'a plus une gestion désintéressée et devient donc fiscalisée.

La notion de distribution du bénéfice (d'une association) est très large. Elle vise tous les prélèvements effectués sur les ressources qui ne s'inscrivent pas dans la logique de l'objet social de l'association : rémunérations exagérées ou injustifiées, distribution directe des résultats, avantages injustifiés...

www.assistant-juridique.fr

vidéo sur le web 3' 22"
Le projet de création
lienmini.fr/d261projet

LE CAS

DOSSIER 2 : Le choix d'un statut juridique

CAS METENA : Une structure adaptée aux motivations

Mario envisage le statut d'entrepreneur individuel. Il sait que ce statut est courant chez les peintres et estime que, « si c'est répandu, c'est forcément bien pour lui... » Son ami Paul a fait ce choix et profite pleinement des bénéfices de son entreprise. Mario souhaite suivre son exemple.

Cathy, son épouse, ne partage pas son enthousiasme. La majorité de leurs biens ont été acquis après le mariage et Cathy insiste pour que ces biens communs soient protégés en cas de difficultés financières de son entreprise.

TRAVAIL DEMANDÉ

1. **Montrez en quoi le statut d'entrepreneur individuel (EI ou EIRL) peut répondre aux attentes de Mario et de son épouse.**
2. **Identifiez les autres structures juridiques que Mario peut envisager en créant une société.**

DOCUMENT 1 La note du notaire des Metena

Vous vous êtes mariés après le 1er février 1966 et n'avez pas établi de contrat de mariage. Votre régime matrimonial actuel est donc celui de la communauté légale (réduite aux acquêts).
Ainsi, tous les biens achetés depuis votre mariage au moyen de fonds communs par l'un ou par l'autre appartiennent automatiquement aux deux époux. Par contre, tous les biens reçus par donation ou reçus en héritage par vous ou votre épouse n'entrent pas dans la communauté et restent la propriété de l'héritier.
Dans un autre esprit, si vous étiez mariés sous le régime de séparation de biens, chacun conserverait un patrimoine indépendant.

Maître Viala-Marty

DOCUMENT 2 La modification du régime matrimonial selon le Code civil

Article 1397

Après deux années d'application du régime matrimonial, les époux peuvent convenir, dans l'intérêt de la famille, de le modifier, ou même d'en changer entièrement, par un acte notarié. À peine de nullité, l'acte notarié contient la liquidation du régime matrimonial modifié si elle est nécessaire.

DOCUMENT 3 Code de commerce

Article L. 526-1

Modifié par Loi n° 2015-990 du 6 août 2015 (art. 206)

[...] les droits d'une personne physique [...] exerçant une activité professionnelle agricole ou indépendante sur l'immeuble où est fixée sa résidence principale sont de droit insaisissables par les créanciers dont les droits naissent à l'occasion de l'activité professionnelle de la personne. Lorsque la résidence principale est utilisée en partie pour un usage professionnel, la partie non utilisée pour un usage professionnel est de droit insaisissable, sans qu'un état descriptif de division soit nécessaire.

Article L. 526-6

Tout entrepreneur individuel peut affecter à son activité professionnelle un patrimoine séparé de son patrimoine personnel, sans création d'une personne morale.

Ce patrimoine est composé de l'ensemble des biens, droits, obligations ou sûretés dont l'entrepreneur individuel est titulaire, nécessaires à l'exercice de son activité professionnelle. Il peut comprendre également les biens, droits, obligations ou sûretés dont l'entrepreneur individuel est titulaire, utilisés pour l'exercice de son activité professionnelle et qu'il décide d'y affecter. Un même bien, droit, obligation ou sûreté ne peut entrer dans la composition que d'un seul patrimoine affecté.

Pour l'exercice de l'activité professionnelle à laquelle le patrimoine est affecté, l'entrepreneur individuel utilise une dénomination incorporant son nom, précédé ou suivi immédiatement des mots : « Entrepreneur individuel à responsabilité limitée » ou des initiales : « EIRL ».

Dénomination, EIRL
lexique, p. 158

DOCUMENT 4 La notion de société selon le Code civil

Apport, Personnalité morale
lexique, p. 157, 159

Article 1832

La société est instituée par deux ou plusieurs personnes qui conviennent par un contrat d'affecter à une entreprise commune des biens ou leur industrie en vue de partager le bénéfice ou de profiter de l'économie qui pourra en résulter.

Elle peut être instituée, dans les cas prévus par la loi, par l'acte de volonté d'une seule personne.

Les associés s'engagent à contribuer aux pertes.

Article 1832-1

Même s'ils n'emploient que des biens de communauté pour les apports à une société ou pour l'acquisition de parts sociales, deux époux seuls ou avec d'autres personnes peuvent être associés dans une même société et participer ensemble ou non à la gestion sociale.

Les avantages et libéralités résultant d'un contrat de société entre époux ne peuvent être annulés parce qu'ils constitueraient des donations déguisées, lorsque les conditions en ont été réglées par un acte authentique.

Article 1832-2

Un époux ne peut, sous la sanction prévue à l'article 1427, employer des biens communs pour faire un apport à une société ou acquérir des parts sociales non négociables sans que son conjoint en ait été averti et sans qu'il en soit justifié dans l'acte.

La qualité d'associé est reconnue à celui des époux qui fait l'apport ou réalise l'acquisition.

Article 1842

Les sociétés autres que les sociétés en participation jouissent de la personnalité morale à compter de leur immatriculation.

vidéo sur le web 3' 41''
Le choix d'un statut juridique
lienmini.fr/d261statut

DOSSIER 3 : La modification du statut de l'entreprise en société

CAS METENA : La transformation en société

Mario Metena exerce comme peintre indépendant (entrepreneur individuel) depuis maintenant quatre ans. Son entreprise fonctionne bien et il souhaite la développer. En effet, ses besoins financiers sont en augmentation : il manque de place pour stocker son outillage et entreposer ses peintures. Il aimerait bien emprunter, mais la banque lui a refusé sa demande de prêt par manque de garantie.

Mario s'est lié d'amitié avec d'autres travailleurs indépendants qu'il rencontre régulièrement sur les chantiers de rénovation. David Tarrisel, carreleur, et Djamel Bechaoui, plaquiste, font les mêmes constats : un local adapté et des moyens communs leur permettraient d'accroître leurs activités. Les trois artisans pensent alors à s'associer et à se spécialiser dans les travaux de rénovation. Ensemble, ils optent pour le statut juridique de la SARL. Ils décident d'affecter 25 000 € au capital.

Tous les trois souhaitent protéger les biens personnels et éviter l'arrivée d'un nouvel associé qu'ils n'auraient pas choisi. David et Djamel ne veulent pas être gérant. Ils préfèrent confier cette mission à Mario qui a suivi un stage de gestion d'entreprise auprès de la CCI. Mario souhaiterait obtenir le statut « salarié » pour exercer cette fonction.

TRAVAIL DEMANDÉ

1. **Mettez en évidence l'évolution des motivations de Mario.**
2. **Justifiez le choix de la SARL comme structure juridique adaptée aux motivations des associés.**
3. **Identifiez les clauses qui présentent les conditions d'accueil d'un nouvel associé.**

DOCUMENT 1 Les statuts de la SARL BEMETA Rénovation (extraits)

CONTRAT DE SOCIÉTÉ OU STATUTS

Entre les soussignés : Djamel Bechaoui, David Tarrisel et Mario Metena

Il a été arrêté et convenu ce qui suit :

Article 1 – Forme

Il est formé par les présentes une société à responsabilité limitée qui sera régie par la loi du 24 juillet 1966 et par toutes autres lois modifiant ou complétant celle-ci ;

Article 2 – Objet social

La société a pour objet : tous travaux de rénovation, peinture, carrelage et isolation.

Article 3 – Dénomination

La société prend la dénomination : BEMETA Rénovation.

Article 4 – Siège social

Le siège social de la société est fixé à : 5, route de Beaumont, 81 000 Castres.

Article 5 – Apports, capital social

Il a été apporté au capital de la société, lors de sa constitution, une somme de 25 000 €. Le capital social est fixé à la somme de vingt-cinq mille (25 000) €. Il est divisé en 250 parts sociales de cent (100) € l'une, numérotées de 1 à 250.

Les apports ont été réalisés comme suit : David Tarrisel, 3 000 € en matériels divers et 5 000 € en espèces ; Djamel Bechaoui, 2 000 € en matériels divers et 3 000 € en espèces ; Mario Metena, 10 000 € en espèces et 2 000 € en matériels divers.

Compte tenu des apports effectués lors de la constitution de la société, les 250 parts se trouvent réparties de la façon suivante : David Barrisel, 80 parts ; Djamel Bechaoui, 50 parts ; Mario Metena, 120 parts.

DOCUMENT 1 (SUITE) Les statuts de la SARL BEMETA Rénovation (extraits)

Article 6 – Parts sociales
Les droits et obligations attachés aux parts les suivent, dans quelques mains qu'elles passent, chaque part sociale conférant à son propriétaire un droit égal dans les bénéfices de la société, dans la propriété de l'actif social et une voix dans tous les votes.

Article 7 – Gérance
Le gérant est Mario Metena. Il pourra être révoqué par décision des associés représentant plus de la moitié du capital social.

Article 8 – Pouvoirs des gérants
Le gérant, ou chacun des gérants s'ils sont plusieurs, a la signature sociale, donnée par les mots « pour la société ; le gérant » suivi de la signature du gérant. Dans ses rapports avec les tiers, le gérant est investi des pouvoirs les plus étendus pour représenter la société et agir en son nom en toutes circonstances, sans avoir à justifier de pouvoirs spéciaux. Toutefois, les contrats supérieurs à la somme de 18 000 € devront faire l'objet de l'accord de la majorité des associés.

Article 9 – Assemblée générale, décisions collectives
Les décisions des associés, sur tout ce qui n'entre pas dans les attributions des gérants, sont prises en assemblée générale.

Article 10 – Assemblées générales ordinaires
Chaque année, dans les six mois de la clôture de l'exercice, les associés sont réunis par la gérance en assemblée générale, pour statuer sur les comptes de l'exercice et sur l'affectation et la répartition des bénéfices.
Dans les assemblées ou lors des consultations écrites, les décisions sont adoptées par un ou plusieurs associés représentant plus de la moitié des parts sociales. Si cette majorité n'est pas obtenue, les associés sont convoqués ou consultés une seconde fois, et les décisions sont prises à la majorité des votes émis, quel que soit le nombre des votants.

Article 11 – Assemblées générales extraordinaires
Les décisions collectives extraordinaires sont celles au cours desquelles les associés sont appelés à se prononcer sur toutes les questions comportant modification des statuts.
Toutes autres modifications des statuts sont décidées par les associés représentant au moins les trois quarts des parts sociales.

Article 12 – Personnalité morale, immatriculation au registre du commerce
Conformément à la loi, la société ne jouira de la personnalité morale qu'à dater de son immatriculation au registre du commerce et des sociétés. Le ou les gérants sont tenus de requérir cette immatriculation dans les plus courts délais, et de remplir à cet effet toutes les formalités nécessaires.
En outre, pour faire publier la constitution de la présente société conformément à la loi, tous pouvoirs sont donnés au porteur d'une copie des présents statuts comme de toutes autres pièces qui pourraient être exigées.

Article 13 – Cession des parts
Les parts sociales ne peuvent être cédées à des tiers étrangers à la société qu'avec le consentement de la majorité des associés représentant au moins les trois quarts des parts sociales…

À Castres,
Le 7 avril 20NN

1 Le statut juridique

Le statut juridique d'une entreprise est défini par « les différentes dispositions conventionnelles qui organisent les relations entre les membres associés des sociétés civiles, commerciales ou d'une association, ainsi que les interactions des associés avec des tiers par l'intermédiaire de la personne morale qu'ils ont créée. »

www.observatoiredelafranchise.fr

2 Les différents statuts juridiques

L'entrepreneur doit choisir un statut juridique pour son entreprise : entreprise individuelle ou société. Ce choix sera déterminant pour les formalités de déclaration, pour son statut juridique personnel, ainsi qu'en matière fiscale, administrative ou sociale.

Le choix du statut de l'entreprise dépend du type d'activité professionnelle qui y sera exercée, ainsi que d'autres éléments à prendre en compte. [...]

Créer une société consiste à donner naissance à une nouvelle personne juridiquement distincte des associés fondateurs, que l'on nomme « personne morale ».

La constitution d'une société nécessite :
- de lui donner un nom (dénomination sociale ou raison sociale) ;
- de la domicilier dans un local adapté (siège social) ;
- de lui apporter un minimum d'argent et/ou de biens qui constitueront son capital social ;
- de désigner une ou plusieurs personnes chargées de l'administrer et de la représenter vis-à-vis des tiers ;
- de consigner dans un contrat toutes les règles qui régiront son fonctionnement (les « statuts »).

www.service-public.fr

3 Les structures à but non lucratif : les associations

Une association est une organisation à but non lucratif dite aussi **organisation loi 1901**. Ainsi, cette structure peut réaliser **des bénéfices qui sont obligatoirement réinvestis dans l'association** et ne peuvent pas être répartis entre ses membres.

Une association est une personne morale de droit privé composée de deux membres minimum.

Il n'y a pas de capital social. L'association perçoit des cotisations de ses membres et peut facturer ses services. Les membres peuvent également effectuer des apports en nature, en industrie ou en espèces, avec une possibilité de récupérer les apports en nature à la dissolution de l'association.

Son mode de gestion est choisi librement. Toutefois, elle est généralement dirigée par un conseil d'administration, qui élit un bureau composé d'un président, d'un trésorier et d'un secrétaire.

Les auteurs

4 Une structure à but lucratif : l'entreprise individuelle

L'entreprise individuelle est aussi appelée **entreprise en nom personnel.**

L'entrepreneur est seul et a le statut de travailleur indépendant.

L'auto-entrepreneuriat et la microentreprise sont des cas particuliers d'entreprise individuelle.

L'entrepreneur dispose des pleins pouvoirs pour diriger son entreprise.

Ses bénéfices constituent sa rémunération. Il peut embaucher des salariés.

Le patrimoine de l'entreprise se confond avec le patrimoine de l'entrepreneur. Celui-ci est donc responsable des dettes professionnelles sur l'ensemble de ses biens (et ceux de son conjoint, s'il est marié sous le régime de la communauté légale). Toutefois, depuis août 2015, la résidence principale d'un entrepreneur individuel ne peut plus être saisie par ses créanciers pour ses dettes professionnelles. Il peut aussi limiter sa responsabilité en optant pour une EIRL.

Les auteurs

5 Les autres structures à but lucratif : les sociétés

Les sociétés commerciales se classent en trois catégories.

- **Sociétés de personnes** (dont société en nom collectif, société en commandite simple).
- **Sociétés de capitaux** (dont société anonyme, société anonyme simplifiée)
- **Sociétés mixtes** (société à responsabilité limitée).

Cette classification prend en compte la considération des associés et les garanties offertes aux créanciers.

La considération des associés

- Dans une société de personnes, la considération des associés (l'*intuitu personæ*) est fondamentale. Les associés sont liés entre eux : leurs parts de la société ne sont pas des titres négociables et ne peuvent être cédées qu'avec le consentement unanime des associés.
- Dans les sociétés de capitaux, seule l'importance des capitaux apportés présente un intérêt.

Les garanties offertes aux créanciers

- Dans les sociétés de personnes, les associés sont responsables personnellement et solidairement sur leurs biens des engagements de la société.
- Dans les sociétés de capitaux, les actionnaires sont responsables pour le montant de leur apport. Le capital social correspond aux garanties pour les créanciers.

La particularité des sociétés mixtes

- Les sociétés mixtes regroupent des caractéristiques des sociétés de personnes et des caractéristiques des sociétés de capitaux : la prise en compte des associés est importante, ils ne peuvent céder leurs parts sans le consentement d'une majorité des associés. En cas de difficultés financières, la responsabilité financière des associés est limitée au montant de leur apport.

Les auteurs

Intuitu personæ
→ lexique, p. 159

6 Le statut social du dirigeant

Le statut social d'un dirigeant dépend du type d'entreprise et de la nature de sa rémunération. Le statut social distingue principalement le régime des travailleurs non salariés (TNS) et le régime des assimilés salariés. Pour le régime d'assimilé salarié, le dirigeant a sensiblement le même statut social qu'un salarié. Ce statut permet aux intéressés de bénéficier de la même protection sociale que celle prévue pour les salariés, qui est plus complète que celle des travailleurs non salariés. Seules les prestations chômage ne lui sont pas ouvertes. C'est là la véritable différence avec le salarié.

Les auteurs

7 Le régime fiscal : imposition sur le revenu ou imposition sur les sociétés

Selon la structure juridique choisie, les bénéfices de l'entreprise sont soumis à l'impôt sur le revenu (IR) ou à l'impôt sur les sociétés (IS).

Lorsqu'elle est soumise à l'impôt sur le revenu, l'entreprise est « transparente » au niveau fiscal. Ses bénéfices sont portés sur la déclaration d'ensemble des revenus du chef d'entreprise (ou des associés pour la quote-part des bénéfices qui leur revient) dans la catégorie des bénéfices industriels et commerciaux (BIC) ou bénéfices non commerciaux (BNC).

Aucune distinction n'est effectuée, au niveau fiscal, entre le bénéfice de l'entreprise et la rémunération du chef d'entreprise.

Lorsqu'elle est soumise à l'impôt sur les sociétés, une distinction est effectuée entre le bénéfice de l'entreprise et la rémunération des dirigeants.

- Le bénéfice net, déduction faite de la rémunération des dirigeants, est imposé à un taux fixe.
- Les dirigeants sont imposés personnellement sur leur rémunération et sur les dividendes reçus, au titre de l'impôt sur le revenu dans la catégorie des traitements et salaires et des revenus mobiliers pour les dividendes.

www.apce.com

8 Les différents statuts juridiques des structures à but lucratif

	ENTREPRISE INDIVIDUELLE		Société de personnes
	EI	**EIRL**	**SNC**
Nombre	Un entrepreneur individuel qui peut embaucher des salariés.		2 associés ou plus Associés =
Quel est le montant du capital social ?	Pas de notion de capital social. L'entreprise et l'entrepreneur ne forment qu'une seule et même personne juridique.		Les associés fixent librement le montant du capital, selon l'activité et les besoins en capitaux de la société.
Qui dirige ?	L'entrepreneur décide en toute liberté. Il dispose des pleins pouvoirs pour diriger son entreprise.		Tous les associés ont la qualité de gérant Les associés se réunissent au minimum une fois par an en assemblée générale. Les décisions sont prises à l'unanimité sauf si les statuts en décident autrement
Quelle est la responsabilité financière des associés ?	La responsabilité est illimitée sauf en cas de déclaration d'insaisissabilité devant notaire.	La responsabilité est limitée : un patrimoine d'attribution séparé du patrimoine personnel.	La responsabilité est solidaire (le créancier peut poursuivre n'importe leque des associés) et indéfinie (les associés sont responsables sur l'ensemble de leurs biens personnels) des associés.
Transmission de l'entreprise	Cession du fonds (commerçants/ artisans) ou de la clientèle (professions libérales).		Les cessions de parts sociales doivent obligatoirement être décidées à l'unanimité.
Quel est le mode d'imposition de l'entreprise ?	Pas d'imposition au niveau de l'entreprise.		Pas d'imposition au niveau de la société.
Quel est le régime fiscal du dirigeant ?	Impôt sur le revenu (IR) dans la catégorie selon l'activité de l'entreprise (BIC, BNC).		Impôt sur le revenu dans la catégorie selon l'activité de l'entreprise (BIC, BNC).
Quel est le régime social du dirigeant ?	Régime des travailleurs non salariés.		Régime des travailleurs non salariés.

SOCIÉTÉ → Constitution d'une personne morale distincte				
Sociétés mixtes		**Société de capitaux**		
SARL	**EURL**	**SA**	**SAS**	**SASU**
2 à 100 associés	1 associé unique	7 associés ou plus	2 associés ou plus	1 associé unique
Personnes physiques ou morales				
Le capital est fixé librement par les associés, selon l'activité et les besoins en capitaux de la société.		Un capital minimum de 37 000 € est imposé.	Le capital est fixé librement par les associés, selon l'activité et les besoins en capitaux de la société.	
Un ou plusieurs gérants parmi les associés ou des tiers.	Un gérant : l'associé unique ou un tiers.	Un conseil d'administration de 3 à 18 membres parmi les actionnaires. Le président est désigné parmi ces membres. Un directeur général peut être nommé pour assurer la gestion courante et représenter la société. Les actionnaires se réunissent en AGO et en AGE.	Les associés déterminent librement dans les statuts les règles d'organisation de la société. Seule obligation : les associés doivent nommer un représentant légal (titre de président ou directeur général ou directeur général délégué…).	
Le(s) gérant(s) chargé(s) de la gestion courante est(sont) nommé(s) soit par les statuts, soit par une décision ultérieure.				
La responsabilité est limitée aux montants des apports : les associés ne sont responsables des dettes de la société qu'à hauteur du montant de leur apport.				
Cession libre entre associés. Cession à des tiers soumis à l'agrément des associés.	Si un nouvel associé : l'EURL devient SARL.	Cession libre entre actionnaires ou entre liens familiaux. Cession à des tiers organisée par les statuts.	Cession libre ou organisée par les statuts.	
Les bénéfices sont soumis à l'impôt sur les sociétés. Option pour IR possible sous conditions.	Pas d'imposition au niveau de la société.	Les bénéfices sont soumis à l'impôt sur les sociétés. Option pour l'IR possible, sous certaines conditions, pour les sociétés de moins de 5 ans.		
Traitement et salaires.		Traitement et salaires pour le dirigeant du conseil d'administration.	Traitement et salaires.	
- Gérant est l'associé unique : régime des travailleurs non salariés. - Gérant minoritaire ou égalitaire : assimilé salarié. - Gérant majoritaire : régime travailleur non salarié.		Le président et le directeur général sont assimilés salariés. Les autres membres du CA ne sont pas rémunérés en tant que dirigeants et ne relèvent donc d'aucun régime social.	Les dirigeants sont assimilés salariés.	

Avant de commencer QCM

Le choix d'une structure juridique

Testez vos connaissances sur le chapitre 12 à l'aide d'un QCM interactif. Connectez-vous sur lienmini.fr/d261exo12

Le bon statut

OBJECTIF **Répondre à une consigne** → Fiche Méthode 2, p. 142

SITUATION JURIDIQUE 1

Après un BTS Aménagements paysagers, Adrien envisage de créer son entreprise de paysagiste et de se consacrer à l'entretien de jardins privatifs : tonte, élagage, etc. Il ne dispose que de peu de fonds (5 000 €) et souhaite commencer seul son activité. Conscient que son apport reste faible, il veut tout de même protéger son patrimoine personnel.

SITUATION JURIDIQUE 2

Maëline et Mathilde sont sœurs et ont le statut de commerçantes. Elles ont trouvé un local avec un loyer modéré pour commencer une nouvelle activité : esthéticienne-prothésiste ongulaire. Elles sont très motivées et veulent investir conjointement. Elles disposent d'un capital de 15 000 € et sont très attachées à l'idée de tout partager.

SITUATION JURIDIQUE 3

Mécanicien d'expérience, Gauthier décide de créer un garage spécialisé dans l'entretien de matériels agricoles. Deux anciens collègues et quatre amis acceptent de se joindre à son projet. Conjointement, ils disposent de 32 000 €. Chacun des membres du groupe accepte de s'engager financièrement à condition de protéger son patrimoine personnel. De plus, Gauthier préfère avoir le statut social d'assimilé salarié afin de s'assurer une protection sociale. Les autres membres acceptent.

SITUATION JURIDIQUE 4

Étudiants en dernière année de BTS Services informatiques aux organisations, Amar, Gabriel et Liam veulent créer une start-up (entreprise innovante dans le domaine des nouvelles technologies) offrant un service en ligne business to consumer (ou commerce de détail) et se rémunérant principalement grâce à la publicité et aux commissions sur ventes. Les trois étudiants souhaitent beaucoup de libertés concernant la rédaction des statuts de leur entreprise. Ils veulent choisir les conditions de nomination et de révocation du dirigeant, le mode de rémunération ou encore les formes et les conditions dans lesquelles sont prises les décisions collectives. De plus, ils préfèrent limiter leur responsabilité à leurs apports. Concernant les relations avec les tiers, ils sont d'accord pour que Liam soit nommé président et donc le seul à pouvoir agir au nom de la société.

En vous appuyant sur le tableau des différents statuts juridiques des structures à but lucratif et de vos connaissances, analysez chacune des situations ci-dessus.

1 **Proposez les structures juridiques les mieux adaptées à chaque situation.**

2 **Choisissez alors la structure juridique qui vous paraît la mieux adaptée. Justifiez votre réponse.**

SITUATION JURIDIQUE 5

Amis de toujours, Sandrine, Thierry et Laurent sont associés à parts égales dans une SARL. Leur société gère trois salles de sport qui accueillent des jeunes jusqu'aux seniors. Tous sont en recherche de bien-être et chaque salle est équipée de tout le matériel nécessaire pour la musculation et la détente.

Laurent aime cette activité, mais il souhaite tout de même quitter cette société pour réaliser son rêve : investir dans une entreprise de location d'articles de sport en station de ski.

En vous appuyant sur le tableau des différents statuts juridiques des structures à but lucratif et sur vos connaissances, présentez à Laurent la démarche à suivre afin de se désengager totalement de cette SARL.

L'ESSENTIEL

LE CHOIX D'UNE STRUCTURE JURIDIQUE

PRINCIPALES CONSÉQUENCES DU CHOIX DU STATUT JURIDIQUE SUR L'ENTREPRENEUR

Régime social

- Travailleur non salarié
- Assimilé salarié

Régime fiscal

- Aucune distinction entre le bénéfice de l'entreprise et la rémunération de l'entrepreneur.
- Imposition séparée pour l'entrepreneur et l'entreprise

Responsabilité financière

- Responsabilité illimitée
- Responsabilité limitée aux apports

TYPE DE STRUCTURE JURIDIQUE

- **STRUCTURE À BUT NON LUCRATIF**
  (dont : association, coopérative)
- **STRUCTURE À BUT LUCRATIF**
  - **Entreprise individuelle**
    EI, EIRL
  - **Société**
    Personne morale
    - **Société de personnes**
      SNC
    - **Société de capitaux**
      SA, SAS, SASU
    - **Société mixtes**
      SARL, EURL

CHAPITRE 13

La pérennité de l'entreprise

L'entreprise peut connaître des difficultés économiques qui la mettent en péril. Pour assurer sa pérennité, le droit privilégie la prévention. Le législateur se fixe en effet trois objectifs : le redressement de l'entreprise, le maintien de l'emploi et le paiement des créanciers.

Le cas STC va nous permettre d'étudier :

Dossier 1. Les créances d'une entreprise en difficulté

Dossier 2. Le dirigeant d'une entreprise en difficulté

LES COMPÉTENCES

- Analyser les difficultés d'une entreprise
- Caractériser la procédure à mettre en œuvre ou à préconiser

LES NOTIONS

- Cessation des paiements
- Conciliation
- Sauvegarde
- Redressement
- Liquidation
- Créanciers chirographaires
- Créanciers privilégiés

CAS STC

Il y a dix ans la société à responsabilité limitée (SARL) STC, spécialisée dans l'emballage en bois, avait cru signer le contrat du siècle : devenir le fournisseur exclusif du fabricant de peinture Bellac. Aujourd'hui, Bellac connaît d'importantes difficultés économiques. Les licenciements économiques se succèdent et, d'après la rumeur, l'état de cessation des paiements est proche.

M. Vernet, gérant de la SARL STC, est très inquiet, car son entreprise dispose de nombreuses créances sur Bellac qui, avec le temps, est devenu le principal client de STC.

Vous effectuez votre stage au sein de la SARL STC. M. Vernet, qui a déjà pu vérifier vos connaissances juridiques, vous demande quelques précisions sur cette situation.

LE CAS

DOSSIER 1 : Les créances d'une entreprise en difficulté

CAS STC : Un créancier en mauvaise posture

Même s'il ne dispose d'aucune information précise sur l'état réel des finances de son client, M. Vernet reste très préoccupé, et cela pour deux raisons. D'abord, le montant des créances sur Bellac est important et la situation n'est pas favorable dans la mesure où STC ne dispose d'aucune garantie particulière sur ces créances. Ensuite, la disparition rapide de ce client serait très préjudiciable à STC, car l'activité chuterait de manière importante et l'entreprise serait immédiatement en difficulté pour fournir du travail à tous ses salariés.
C'est dans cette ambiance pesante que M. Vernet vous sollicite.

TRAVAIL DEMANDÉ

1 **Vérifiez si la société STC peut être qualifiée de créancier privilégié.**

2 **Identifiez les actions envisageables pour recouvrer ses créances et ce avant la mise en place de toute procédure collective.**

3 **Après avoir identifié le rang éventuel de la société STC en cas de liquidation de la société Bellac, vérifiez si STC a intérêt à poursuivre sa collaboration avec Bellac.**

DOCUMENT 1 Code de commerce

Article L. 622-7

I.- Le jugement ouvrant la procédure emporte, de plein droit, interdiction de payer toute créance née antérieurement au jugement d'ouverture, à l'exception du paiement par compensation de créances connexes. Il emporte également, de plein droit, interdiction de payer toute créance née après le jugement d'ouverture, non mentionnée au I de l'article L. 622-17 […].

Article L. 622-13

I.- Nonobstant toute disposition légale ou toute clause contractuelle, aucune indivisibilité, résiliation ou résolution d'un contrat en cours ne peut résulter du seul fait de l'ouverture d'une procédure de sauvegarde. Le cocontractant doit remplir ses obligations malgré le défaut d'exécution par le débiteur d'engagements antérieurs au jugement d'ouverture. Le défaut d'exécution de ces engagements n'ouvre droit au profit des créanciers qu'à déclaration au passif. […]

Article L. 622-17

I.- Les créances nées régulièrement après le jugement d'ouverture pour les besoins du déroulement de la procédure ou de la période d'observation, ou en contrepartie d'une prestation fournie au débiteur pendant cette période, sont payées à leur échéance.

DOCUMENT 1 (SUITE) Code de commerce

Article L. 622-21

I.- Le jugement d'ouverture interrompt ou interdit toute action en justice de la part de tous les créanciers dont la créance n'est pas mentionnée au I de l'article L. 622-17 et tendant :
1° À la condamnation du débiteur au paiement d'une somme d'argent ;
2° À la résolution d'un contrat pour défaut de paiement d'une somme d'argent.
II.- Il arrête ou interdit également toute procédure d'exécution de la part de ces créanciers tant sur les meubles que sur les immeubles [...].

Article L. 631-1

Il est institué une procédure de redressement judiciaire ouverte à tout débiteur mentionné aux articles L. 631-2 ou L. 631-3 qui, dans l'impossibilité de faire face au passif exigible avec son actif disponible, est en cessation des paiements. Le débiteur qui établit que les réserves de crédit ou les moratoires dont il bénéficie de la part de ses créanciers lui permettent de faire face au passif exigible avec son actif disponible n'est pas en cessation des paiements.

DOCUMENT 2 Extraits d'une note transmise par l'expert-comptable de STC

Le recouvrement de créance peut s'organiser de différentes façons.

- *D'abord de manière amiable en utilisant la mise en demeure de payer. Cette lettre de mise en demeure de payer précise la somme due et une nouvelle date de règlement. Je vous conseille vivement de l'adresser en recommandé avec accusé de réception.*
- *Ensuite de manière judiciaire. Vous disposez en premier lieu de l'injonction de payer. Il s'agit d'une action rapide et peu onéreuse à effectuer au greffe du tribunal. Un huissier de justice se présentera au débiteur afin de lui remettre l'injonction de payer délivrée par le juge. En second lieu, vous pouvez assigner votre débiteur en paiement, cette solution nécessitera l'intervention d'un avocat. Cette procédure va contraindre votre débiteur à se présenter au tribunal. Le juge pourra, à l'issue, vous délivrer un titre exécutoire obligeant le débiteur à régler sa dette.*

M. Magnin
Expert-comptable

DOCUMENT 3 Ordre (indicatif) des paiements des créanciers en cas de liquidation judiciaire (en application de l'article L.641-13 du Code de commerce)

1. Les créances salariales super-privilégiées
2. Les frais de justice (antérieurs)
3. Les créanciers ayant apporté de la trésorerie dans le cadre d'une procédure de conciliation
4. Les créanciers hypothécaires
5. Les créanciers gagistes
6. Les créances postérieures garanties par un privilège reconnu par la loi
7. Les frais de justice (postérieurs)
8. Les prêts ou créances résultant de la poursuite des contrats en cours
9. Les autres créances postérieures selon leur rang
10. Les créanciers chirographaires antérieurs

Les auteurs

LE CAS

DOSSIER 2 : Le dirigeant d'une entreprise en difficulté

CAS STC : Comment rebondir ?

M. Vernet a malheureusement eu raison. L'entreprise Bellac a finalement déposé le bilan et a été mise en liquidation judiciaire dans la foulée. La situation de la SARL STC devient difficile, car, en plus de ne pas avoir été payée à l'issue de la liquidation, STC se retrouve avec un nombre de commandes très faible. L'entreprise tourne au ralenti et, malgré d'importantes démarches commerciales, elle tarde à trouver d'autres clients. Les dettes commencent à s'amonceler. Conscient du problème, M. Vernet souhaiterait néanmoins garder une certaine confidentialité sur ces difficultés.

TRAVAIL DEMANDÉ

1. **Recherchez l'intérêt pour STC de mettre en œuvre une procédure spécifique.**
2. **Proposez à M. Vernet une procédure permettant à STC d'organiser des conditions plus favorables pour affronter cette situation difficile.**
3. **Vérifiez si STC peut, dans ce type de situation, procéder à des licenciements.**

DOCUMENT 1 Les différentes procédures possibles

	Procédure de mandat *ad hoc*	Procédure de conciliation	Procédure de sauvegarde
Qui lance la procédure ?	Le dirigeant qui ne peut se voir dépossédé de son entreprise		
L'activité de l'entreprise se poursuit-elle pendant la procédure ?	Oui		
Quel est l'objectif de chaque type de procédure ?	Résoudre des difficultés diverses	Conclure avec les créanciers de l'entreprise un accord amiable destiné à mettre fin aux difficultés de l'entreprise	Élaborer un plan de sauvegarde qui comporte une restructuration de la dette et des mesures de restructuration de l'organisation de l'entreprise, ce qui peut entraîner la cession partielle d'une branche d'activité (mais jamais totale), ce qui amène le transfert d'un certain nombre de contrats de travail
La cession de l'entreprise peut-elle avoir lieu sans le consentement du dirigeant ?	Non, d'où l'intérêt d'anticiper sur les difficultés plutôt que d'attendre la cessation des paiements		
Quelle est la procédure de licenciement économique ?	Normale		

www.infoprudhommes.fr

DOCUMENT 2 Code de commerce

Article L. 611-3

Le président du tribunal peut, à la demande d'un débiteur, désigner un mandataire *ad hoc* dont il détermine la mission. Le débiteur peut proposer le nom d'un mandataire *ad hoc*. Le tribunal compétent est le tribunal de commerce si le débiteur exerce une activité commerciale ou artisanale et le tribunal de grande instance dans les autres cas.

Article L. 611-7

Le conciliateur a pour mission de favoriser la conclusion entre le débiteur et ses principaux créanciers ainsi que, le cas échéant, ses cocontractants habituels, d'un accord amiable destiné à mettre fin aux difficultés de l'entreprise. Il peut également présenter toute proposition se rapportant à la sauvegarde de l'entreprise, à la poursuite de l'activité économique et au maintien de l'emploi. [...]

DOCUMENT 3 Extrait d'une plaquette de prévention des difficultés distribuée par la CCI

Votre chambre de commerce et de l'industrie (CCI) est en mesure de vous conseiller, informer et orienter vers les dispositifs d'aide et d'accompagnement, quel que soit le niveau de difficulté atteint.

Si votre entreprise rencontre des difficultés qu'elle ne peut surmonter, celle-ci peut solliciter l'ouverture d'**une procédure de sauvegarde**. Cette procédure fait l'objet d'une publication au BODACC[1]. Pour que cette procédure soit envisageable, l'entreprise ne doit pas se trouver en état de **cessation des paiements.**

La procédure de sauvegarde a pour objet de faciliter la réorganisation de l'entreprise afin de permettre la poursuite de l'activité économique, le maintien de l'emploi et l'apurement du passif. Le jugement d'ouverture de cette procédure a pour effet d'interdire le paiement des créances antérieures.

En raison du caractère volontaire de la procédure, celle-ci n'emporte pas dessaisissement du dirigeant : vous avez donc tout intérêt à anticiper une éventuelle situation de cessation des paiements.

Le plan arrêté par le tribunal de commerce définira les modalités de règlement du passif, le niveau et les perspectives d'emploi, ainsi que les conditions sociales envisagées pour la poursuite d'activité.

D'après www.amiens-picardie.cci.fr

1. **BODACC** : Bulletin officiel des annonces civiles et commerciales.

DOCUMENT 4 Extrait d'une note transmise par l'expert-comptable de STC

Le mandataire ad hoc a pour rôle d'assister le chef d'entreprise afin d'obtenir des délais de paiement ou des remises de dettes. Dans ce cadre, il pourra procéder à une identification des causes des difficultés, établir un diagnostic de l'état de la trésorerie de l'entreprise, assister le chef d'entreprise dans ses négociations avec les créanciers et collaborer avec le chef d'entreprise afin de mettre en place un plan de redressement de l'entreprise, ce plan pouvant intégrer des propositions en matière d'emplois ou d'investissements.

Une fois nommé, le mandataire ad hoc ne représente ni les créanciers, ni le débiteur. Il exerce sa mission pour le tribunal auquel il doit rendre des comptes. Si un accord est conclu avec les créanciers à l'aide du mandataire, cet accord ne pourra faire l'objet d'homologation par le tribunal.

M. Magnin
Expert-comptable

LES NOTIONS

1 Les créanciers

Il existe deux types de créanciers.

- **Les créanciers simples** (que l'on appelle créanciers chirographaires). Ils disposent d'un droit de gage général sur les biens meubles et immeubles de leur débiteur (article 2092 du Code civil).
- **Les créanciers privilégiés** bénéficient d'un privilège spécial sur un ou plusieurs biens ou sur la totalité du patrimoine (nantissement, gage, hypothèque, privilège, etc.) qui leur assure une priorité de paiement sur les autres créanciers dits « simples ».

La loi peut faire bénéficier un créancier d'un privilège en raison de sa qualité : les principaux créanciers privilégiés sont les salariés, le Trésor public, les organismes sociaux et les créanciers bénéficiant du privilège de conciliation.
En pratique, les créanciers simples ont peu de chance de récupérer leur créance.

D'après www.vosdroits.service-public.fr

Article 2092

Quiconque s'est obligé personnellement est tenu de remplir son engagement sur tous ses biens mobiliers et immobiliers, présents et à venir.

Conciliation
→ lexique, p. 157

2 L'état de cessation des paiements

Le Code de commerce définit l'état de cessation des paiements [art. L. 631-1] comme la situation d'un débiteur étant dans l'impossibilité de faire face au passif exigible avec son actif disponible.
L'actif disponible correspond à tout ce qui peut être transformé en liquidités immédiatement ou à très court terme (quelques jours seulement) sans rendre impossible la poursuite de l'entreprise (des biens qui seraient vendus par exemple).
Le passif exigible est constitué par l'ensemble des dettes arrivées à échéance et dont les créanciers peuvent exiger immédiatement le paiement. Ces dettes doivent être certaines (non litigieuses et non contestées) et liquides (au montant déterminé) : factures arrivées à échéance, salaires à verser, etc.

D'après www.vosdroits.service-public.fr

3 La déclaration de créances

À l'exception des salariés qui bénéficient d'un régime spécial, **tous les créanciers dont la créance a son origine antérieurement au jugement d'ouverture de la procédure collective sont tenus de la déclarer**, quand bien même elle ne serait pas établie par un titre.
Ainsi, tous les créanciers, qu'ils soient privilégiés, titulaires de sûretés ou simplement chirographaires, quelles que soient la nature et la date d'exigibilité de leur créance, sont concernés dès lors qu'ils sont titulaires d'une créance de somme d'argent qui trouve son origine avant l'ouverture de la procédure. [...]
Dans un délai de quinze jours à compter de la publication du jugement d'ouverture au BODACC, le représentant des créanciers est tenu d'avertir tous les créanciers connus afin qu'ils fassent leur déclaration dans le délai réglementaire. [...]

www.alsaeco.com

4 Les créanciers antérieurs et postérieurs

Les créanciers antérieurs ne bénéficient que de droits très restreints : l'entreprise ou l'administrateur provisoire a interdiction de les payer ; les poursuites qu'ils ont engagées le cas échéant sont arrêtées et ils ne peuvent plus en débuter de nouvelles ; les actions en résiliation de contrat pour défaut de paiement sont stoppées. En outre, le jugement d'ouverture de redressement judiciaire arrête le cours des intérêts de retard et des majorations de toute sorte, sauf pour les contrats et prêts de plus d'un an.
Les créanciers postérieurs sont eux largement favorisés, afin que l'entreprise puisse être maintenue provisoirement et bénéficie du soutien de ses partenaires commerciaux. Ils ont le droit d'être payés intégralement à l'échéance normale de leur créance.

www.lentreprise.lexpress.fr

5 Le mandat *ad hoc* et la conciliation

[…] Les procédures amiables sont le mandat *ad hoc* et la conciliation. […]
Le mandat *ad hoc* ne peut être déclenché que **sur la seule demande du chef d'entreprise débiteur**, et si le président du tribunal de commerce l'estime nécessaire, il nommera un mandataire dont il précisera la mission. L'objectif sera d'aboutir à un accord entre l'entreprise et ses créanciers, qui portera sur des délais de paiement accordés et éventuellement des remises. Cette procédure est confidentielle, les tiers n'en étant pas informés. Afin de bénéficier de cette procédure […] le chef d'entreprise devra prouver « une difficulté juridique, économique ou financière ».

L'échelon supérieur est la conciliation […]. Le cas d'ouverture est **l'existence, invoquée par le chef d'entreprise, de difficultés juridiques, économiques ou financières avérées ou prévisibles**. L'entreprise ne doit pas se trouver en cessation des paiements depuis plus de quarante-cinq jours. […] Il s'agira là encore de passer un accord avec ses créanciers. Les créanciers ne pourront plus poursuivre le débiteur, sauf à respecter les termes de l'accord, et ils bénéficient d'un super privilège si le débiteur est placé en redressement judiciaire […].

www.lepetitjuriste.fr

6 Les procédures collectives après cessation des paiements

La procédure de redressement judiciaire est ouverte à toute entreprise en état de cessation de paiement […]. [Cette] procédure est destinée à permettre la poursuite de l'activité de l'entreprise, le maintien de l'emploi et l'apurement du passif. […] elle donne lieu à un plan, arrêté par le tribunal, à l'issue d'une période d'observation. […] Le chef d'entreprise peut être dépossédé de tout ou partie de ses prérogatives. La cession de l'entreprise peut être envisagée par le tribunal. […]
L'objet de **la procédure de liquidation judiciaire** est de mettre un terme à l'activité de l'entreprise ou de réaliser son patrimoine par une cession globale ou séparée de ses biens […].

www.jura.cci.fr

vidéo sur le web 3' 08"
Éléments-clés du droit des entreprises en difficulté
lienmini.fr/d261difficulte

7 L'ordre de paiement des créanciers

Lors d'une liquidation consécutive à un redressement et en l'absence de privilèges spéciaux sur les meubles ou immeubles, l'ordre de paiement des créanciers est le suivant : salariés (super privilège pour les soixante derniers jours de travail) ; créanciers ayant aidé à la poursuite de l'activité ; Trésor public ; organismes sociaux (Urssaf, caisses de retraite) ; salariés ; créanciers chirographaires.

D'après www.alsaeco.com

Avant de commencer QCM

La pérennité de l'entreprise

Testez vos connaissances sur le chapitre 13 à l'aide d'un QCM interactif. Connectez-vous sur lienmini.fr/d261exo13

Le Petit Lac

OBJECTIF **Lire une décision de justice** → Fiche Méthode 5, p. 151

SITUATION JURIDIQUE

Tom est un entrepreneur débordé. Il est à la tête d'une exploitation maraîchère bio, ses commandes ne font que croître, il augmente tous les ans ses surfaces cultivées, et tous les ans il refuse des clients… Il emploie aujourd'hui 5 salariés. Ses clients sont des particuliers et des professionnels de la restauration.

Tout va bien jusqu'à ce que, par hasard, Tom apprenne que le restaurant Le Petit Lac, son plus important client, est en état de cessation de paiement depuis plus de 4 mois. Certes le restaurant n'avait pas payé ses dernières factures, mais Tom ne s'inquiétait pas, car ce n'était pas la première fois que le retard s'accumulait.

Cette fois-ci, les choses semblent plus sérieuses. Pour ne rien arranger, certains de ses amis certifient à Tom qu'il ne peut plus réclamer ses créances, car il a trop attendu pour les déclarer.

Surpris, décontenancé et très mal à l'aise avec la « chose » juridique, Tom vous demande quelques explications.

1 **Définissez l'état de cessation des paiements et qualifiez juridiquement les créances de Tom.**

2 **Présentez les différences entre la procédure de redressement judiciaire et celle de liquidation en prenant notamment en compte les intérêts de Tom.**

3 **Vérifiez si les créances de Tom sont bien « perdues » du fait qu'elles n'ont pas été encore déclarées.**

ANNEXE 1 Le redressement judiciaire

La procédure de redressement judiciaire, qui doit être mise en œuvre par toute entreprise en cessation de paiements dont le redressement est jugé possible, permet la poursuite de l'activité de l'entreprise, l'apurement de ses dettes et le maintien de l'emploi. Elle peut donner lieu à l'adoption d'un plan de redressement à l'issue d'une période d'observation, pendant laquelle un bilan économique et social de l'entreprise est réalisé

La procédure de redressement judiciaire commence par une période d'observation de 6 mois maximum, renouvelable sans pouvoir dépasser 18 mois. Pendant cette phase, un bilan économique et social est réalisé.

L'entreprise poursuit son activité. Elle est alors gérée par un administrateur judiciaire seul ou avec son dirigeant.

L'ouverture de la procédure entraîne la suspension des poursuites : les créanciers qui existaient avant l'ouverture de la procédure ne peuvent plus engager de poursuites en justice ni procéder à des saisies pour faire exécuter des décisions déjà obtenues.

www.service-public.fr

ANNEXE 2 La liquidation judiciaire

La liquidation judiciaire suppose que l'entreprise, l'artisan, l'association, ou la personne physique concernée est en état de cessation des paiements et que son rétablissement est manifestement impossible. Elle met fin à l'activité du débiteur, dont les biens sont vendus pour permettre le paiement des différents créanciers.

À partir du jugement qui prononce la liquidation judiciaire, l'entreprise, l'association ou la personne concernée doit cesser immédiatement son activité, sauf autorisation du tribunal (pour une durée de 3 mois, qui peut être prolongée une fois). Le débiteur ne peut plus administrer ses biens tant que la liquidation judiciaire n'est pas close.

Les contrats de travail liant les salariés et l'employeur sont rompus dans un délai de 15 jours suivant le jugement prononçant la liquidation judiciaire ou suivant l'expiration de l'autorisation de poursuite de l'activité.

Toutes les créances que les créanciers détiennent contre l'entreprise deviennent immédiatement exigibles, même si elles ne sont pas encore échues.

www.service-public.fr

ANNEXE 3 Déclaration de créance

Jusqu'alors, la déclaration de créance devait être faite, par le créancier, en principe, dans un délai de 2 mois maximum à compter de la publication au Bulletin officiel des annonces civiles et commerciales (Bodacc) du jugement ouvrant la procédure. À défaut, le créancier n'était pas pris en compte dans les éventuelles répartitions qui s'opéraient ensuite entre les créanciers dans le cadre de la procédure.

Désormais, lorsque le débiteur portera une créance à la connaissance du mandataire judiciaire, il sera présumé avoir agi pour le compte du créancier.

Une simplification bienvenue, car, si le créancier n'a pas déclaré sa créance, elle sera quand même admise pour le montant communiqué par le débiteur. Mais cette simplification ne doit pas entamer sa vigilance ! En effet, il aura tout intérêt à s'assurer que les montants déclarés sont exacts (et à les contester si besoin) ou que la créance n'a pas été omise. Pour plus de prudence, il est donc, malgré tout, fortement conseillé au créancier de déclarer lui-même ses créances impayées.

Laurence Le Goff, Groupe Les Échos, SID Presse, www.reussir-au-quotidien.fr

LA PÉRENNITÉ DE L'ENTREPRISE

LA PÉRENNITÉ DE L'ENTREPRISE

s'organise autour de

DIFFÉRENTES PROCÉDURES

qui répondent à 3 objectifs

- Le paiement des créanciers
- Le redressement de l'entreprise
- Le maintien de l'emploi

Amiables

Le mandat ad hoc

La conciliation

- Pas d'état de cessation des paiements
- Pas de perte de pouvoir du dirigeant
- Une phase de négociation confidentielle avec les créanciers

Judiciaires

La sauvegarde

Bien que publique, elle a des caractéristiques proches des procédures amiables

Le redressement judiciaire

- État de cessation des paiements
- Dépossession de toute ou partie des prérogatives du dirigeant
- Mise en place d'un plan de redressement

La liquidation judiciaire

- État de cessation des paiements
- Poursuite de l'activité impossible
- Cession du patrimoine de l'entreprise
- Rupture des contrats de travail

implique

UNE RÉORGANISATION DE L'ORDRE DES PAIEMENTS DES CRÉANCIERS

les procédures judiciaires imposent

- La fin des pousuites à l'encontre du débiteur
- L'interdiction de payer les créanciers antérieurs
- La déclaration des créances
- Le respect d'un ordre de paiement favorable aux créanciers postérieurs
- Le respect du super privilège des salariés

L'épreuve de droit au BTS

DÉFINITION DE L'ÉPREUVE

Épreuve écrite **Durée** : 2 heures **Coefficient** : 1

L'épreuve de droit n'est qu'une partie de l'unité de certification U3. Cette unité comprend également l'épreuve d'économie et de management.
L'épreuve porte sur le programme de droit des deux années. N'oubliez pas d'intégrer le programme de première et de deuxième années dans vos révisions.

OBJECTIF ET CRITÈRES D'ÉVALUATION DE LA PARTIÉ JURIDIQUE

Le sujet se présente sous la forme d'un dossier comportant une ou plusieurs situations juridiques accompagnées éventuellement de ressources documentaires et d'un questionnement en relation avec un ou plusieurs des thèmes du programme.
Il vise à évaluer votre capacité à analyser la situation juridique et à construire une argumentation pertinente au regard du problème posé.
Deux types d'exercices peuvent vous être demandés :
- la résolution d'un cas pratique (*fiche méthode* 6) ;
- la rédaction d'une note structurée (*fiche méthode* 7).

Vous devez donc être capable :
- de dégager l'essentiel de la situation juridique (*fiche méthode* 3) ;
- d'utiliser un vocabulaire juridique adapté ;
- de rechercher dans vos connaissances les éléments utiles à la réalisation du travail demandé ;
- de sélectionner, dans les annexes, les informations utiles à la résolution du dossier ;
- d'utiliser à bon escient ces informations en citant leur source (Code, décision de jurisprudence – *fiche méthode* 5 –, contrat – *fiche méthode* 4...) ;
- de répondre en respectant la méthodologie propre à chaque type d'exercice (*fiche méthode* 6).

LA DÉMARCHE À SUIVRE

Il est important d'être organisé afin de bien gérer son temps. Pour cela, il est utile de suivre une démarche.

La lecture du sujet (*fiche méthode 2*)

La lecture du sujet doit vous permettre dans un premier temps de comprendre le contexte juridique du cas.
Dans un second temps, la lecture du sujet et du questionnement doivent vous permettre d'identifier les thèmes du programme abordés. Ce repérage des thématiques implique de votre part de commencer à mobiliser vos connaissances.
Les annexes du dossier documentaire vous fourniront ensuite des informations supplémentaires, pour circonscrire le cas. Mais vous ne devez pas considérer que ces annexes vous fourniront **TOUTES** les connaissances utiles.

Une lecture plus précise des annexes vous permettra d'extraire les idées sur lesquelles vos réponses pourront s'appuyer et comment les organiser entre elles.

L'analyse du travail à faire

En général, chaque travail à réaliser commence par un verbe d'action que vous devez bien comprendre (*fiche méthode* 2). Vous devez vous poser deux questions :
- quel est le travail attendu ?
- quelles sont les notions juridiques que vous devez utiliser ? les annexes adaptées à la question ?

La construction des réponses

La qualité d'une réponse dépend de l'argumentation. Votre réponse doit être constituée d'une thèse (la réponse qui vous semble juste) et d'un argument (la preuve de ce que vous avancez). N'hésitez pas à faire un brouillon sous forme de tableau avec d'un côté la réponse et de l'autre le ou les arguments juridiques.

Fiche Méthode 2

Répondre à une consigne

Lors d'une application, d'un devoir ou de l'examen, votre professeur ou le jury souhaite que vous fournissiez une réponse argumentée à la question posée appelée aussi consigne.

Plus largement, la consigne est un ordre donné pour faire effectuer un travail, un énoncé indiquant la tâche à accomplir ou le but à atteindre. La consigne contient les informations essentielles qui vous permettront de répondre correctement et de la manière la plus complète à la question posée.

La réponse attendue nécessite donc d'avoir compris la consigne, de construire une réponse argumentée à l'aide de vos connaissances ou des documents fournis.

ÉTAPE 1 ANALYSER LA CONSIGNE

La consigne est composée d'**un verbe d'action**, qui exprime ce que vous devez faire. Ils sont nombreux et sont utilisés pour obtenir des résultats différents.

Mobiliser vos connaissances

– **Identifier** : préciser la nature de quelque chose, son type, sa catégorie, pouvoir dire ce que c'est.

– **Définir** : énoncer la nature, les qualités, les propriétés essentielles de l'être ou de la chose que le mot désigne.

– **Décrire** : faire une description, dépeindre quelque chose ou quelqu'un.

– **Énoncer** : exprimer quelque chose par le langage, le formuler d'une manière nette et précise, exposer.

– **Indiquer** : désigner de manière précise.

Vérifier votre compréhension

– **Distinguer** : reconnaître, différencier quelque chose ou quelqu'un en percevant les caractéristiques qui font sa spécificité.

– **Expliquer** : faire comprendre (à quelqu'un) une question, une énigme, les éclaircir en donnant les éléments nécessaires.

– **Expliciter** : rendre quelque chose explicite ou plus explicite, éclaircir et préciser.

– **Déterminer** : établir quelque chose, le définir avec suffisamment de précision au terme d'une recherche, d'une réflexion, d'une analyse ; préciser.

– **Démontrer** : faire une démonstration, prouver quelque chose, l'établir par un raisonnement.

– **Préciser** : déterminer quelque chose, le définir d'une façon plus précise, plus nette.

Déclencher une application

– **Appliquer** : mettre en œuvre, en pratique ce qui a été défini, prévu, décidé.

– **Représenter** : rendre quelque chose perceptible, sensible par une figure, un symbole, un signe.

– **Rechercher** : chercher à connaître, à établir, à définir ce qui n'est pas connu ou ce qui est mal connu.

Provoquer une analyse

– **Caractériser** : marquer le caractère distinctif de quelqu'un, de quelque chose, en indiquer le caractère, mettre en relief leurs traits dominants.

– **Analyser** : faire une étude approfondie d'un ensemble abstrait pour en dégager les éléments principaux.

– **Apprécier** : estimer, déterminer la valeur, évaluer.

– **Qualifier** : caractériser quelque chose par l'attribution d'une qualité, en exprimer la nature.

Réaliser une synthèse

– **Résumer** : exprimer sous une forme plus brève ce qui a été dit ou écrit.

– **Présenter** : montrer, exposer.

– **Conclure/déduire** : tirer de quelque chose une conclusion, en déduire quelque chose, dire en conclusion.

Il serait très fastidieux de tous les citer et les définir ici. Pourtant, vous devez les maîtriser. Aussi, dans un premier temps, vous devrez systématiquement aller chercher leur définition afin de comprendre quelles sont les attentes cachées derrière ce terme.

La consigne est composée aussi d'autres termes dont certains sont des mots clés. Ce ou ces mots ont une importance particulière en ce qu'ils précisent le champ, le domaine de l'étude et vous oriente sur le contenu de la réponse.

ÉTAPE 2 RELIER LES CONNAISSANCES OU INFORMATIONS CONTENUES DANS LES DOCUMENTS AUX QUESTIONS POSÉES

Les connaissances et informations tirées des documents doivent construire votre réponse à la consigne. Les informations collectées vous serviront plus tard d'arguments.

Il est nécessaire de s'organiser pour collecter toutes les informations sans perdre de temps. Vous trouverez ci-dessous deux méthodes (réalisation d'un tableau, utilisation d'un code « couleur »), mais il y en a d'autres. À vous d'utiliser celui qui vous convient le mieux.

Attention ! Tous les documents n'ont pas le même statut : certains sont des supports du cas pratique proposé (ex. : contrat), d'autres sont des supports d'argumentation (ex. : article de code, article de doctrine, jurisprudence).

Réaliser un tableau

Exemple

Question posée	Argument tiré des connaissances (ou notions quand elles ne sont pas encore mémorisées)	Argument tiré des documents (n° du document + extrait)

Utiliser un code couleur

Exemple

Surligneur bleu → Argument en rapport avec la question 1.

Surligneur jaune → Argument en rapport avec la question 2.

ÉTAPE 3 CONSTRUIRE LA RÉPONSE

Les connaissances et informations tirées des documents doivent servir de preuve à ce que vous avancez. Vous devez convaincre votre auditoire ou votre lecteur. Pour cela, vous allez utiliser **des arguments**. Un argument est **un indice, une preuve, qui permet d'affirmer ou de nier un fait**.

En droit, on utilise très souvent **l'argument d'autorité**, c'est-à-dire l'argument faisant référence à une autorité politique, morale, scientifique reconnue et experte. Pour un juriste, un article de loi, un extrait de jurisprudence, etc. seront donc totalement adaptés.

Avec ces arguments, vous allez construire **une argumentation**. Une argumentation est un ensemble d'arguments permettant d'**étayer un propos ou une thèse**. Une argumentation est composée :

– d'une réponse (affirmation, infirmation, etc.) ;

– d'un ou plusieurs « éléments de preuve », que l'on appelle des arguments, et qui constituent des raisons d'accepter cette réponse.

Répondre à une consigne : en pratique

EXTRAITS DU SUJET DE DROIT BTS 2012

RÊVES DE JARDINS est une entreprise familiale installée depuis 10 ans sur la côte landaise. Son gérant, M. Laborde, a su exploiter le dynamisme du secteur du paysage pour développer des activités liées à la création, l'aménagement et l'entretien des jardins.

Les services administratif, commercial et technique de l'entreprise emploient vingt-cinq personnes à temps plein. Un bureau d'études composé de deux salariés permet de travailler sur les projets définis avec une clientèle de particuliers et d'entreprises. Pour accompagner le développement de l'entreprise, M. Laborde a misé sur l'utilisation massive des TIC ; il a pu ainsi réduire le délai de réponse aux clients, augmenter la productivité et rester en contact permanent avec les équipes de terrain.

Malgré le ralentissement de la croissance, M. Laborde veut saisir les opportunités liées à la protection de l'environnement et à l'engouement des Français pour les espaces verts. Il envisage de développer un nouveau secteur d'activité, celui des « bassins écologiques ». Pour cette nouvelle activité, il souhaite recruter un commercial paysagiste.

Étant donné l'importance des missions qui seront confiées à ce salarié et l'autonomie dont il disposera dans son travail, M. Laborde veut éviter toute erreur de recrutement. Il vous transmet ses exigences par note (annexes 1 et 2).

M. Laborde veut pouvoir accorder toute sa confiance au salarié qui sera recruté. Or, des études très récentes sur les CV l'inquiètent. En effet, les statistiques sont alarmantes : plus de 70 % des CV seraient « faussés ».

En tant qu'assistant(e), vous conseillez M. LABORDE sur ce dossier.

Apprécier la légalité de la procédure de recrutement définie par M. Laborde.

ANNEXE 1 L'offre d'emploi (presse spécialisée et Internet)

Je souhaite recruter un commercial paysagiste capable de concevoir et de réaliser tout travail d'aménagement paysager sur des sites très divers. Il sera également responsable d'un secteur de 30 km autour de Mont-de-Marsan. Il devra :
- être jeune (entre 25 et 35 ans), de sexe masculin de préférence (ou de sexe féminin, mais sans obligation familiale) ;
- être titulaire d'un BTSA (aménagements paysagers) au minimum ;
- posséder une expérience de 3 ans minimum dans les fonctions demandées ;
- avoir des connaissances particulières dans les bassins écologiques.

Il présentera les qualités suivantes :
- être créatif ;
- avoir le sens de l'organisation ;
- être très autonome (télétravail proposé sur 4 jours par semaine) ;
- avoir des qualités relationnelles et commerciales ;
- être capable de diriger une équipe sur le terrain ;
- être résistant physiquement.

Contrat proposé : CDI à temps complet dont 4 jours en télétravail, 2 000 € bruts.

ANNEXE 2 Méthodes et techniques utilisées au cours du recrutement

Le candidat devra :
– remplir un questionnaire (détails de sa formation, de ses expériences, projets menés, raisons du choix de l'entreprise RÊVES DE JARDIN, projet de carrière) ;
– répondre à des questions orales sur sa vie privée, sa santé et ses projets personnels réaliser des tests professionnels (simulations, questions techniques, de management) se soumettre à un examen graphologique.

ANNEXE 3 Code du travail

Article L.1132-1

Aucune personne ne peut être écartée d'une procédure de recrutement ou de l'accès à un stage ou à une période de formation en entreprise [...] en raison de son origine, de son sexe, de ses mœurs, de son orientation sexuelle, de son âge, de sa situation de famille ou de sa grossesse, de ses caractéristiques génétiques, de son appartenance ou de sa non–appartenance, vraie ou supposée, à une ethnie, une nation ou une race, de ses opinions politiques, de ses activités syndicales ou mutualistes, de ses convictions religieuses, de son apparence physique, de son nom de famille ou en raison de son état de santé ou de son handicap.

Article L.1221-6

Les informations demandées, sous quelque forme que ce soit, au candidat à un emploi ne peuvent avoir comme finalité que d'apprécier sa capacité à occuper l'emploi proposé ou ses aptitudes professionnelles.

Ces informations doivent présenter un lien direct et nécessaire avec l'emploi proposé ou avec l'évaluation des aptitudes professionnelles.

Le candidat est tenu de répondre de bonne foi à ces demandes d'informations.

ÉTAPE 1 ANALYSER LA CONSIGNE

« **Apprécier la légalité de la procédure de recrutement définie par M. Laborde.** »

Le verbe d'action

« **Apprécier** » : c'est-à-dire estimer, déterminer la valeur, évaluer.

Les mots-clés

– « **Légalité** » : c'est-à-dire validité en droit.

– « **Procédure de recrutement** » : c'est-à-dire ensemble des actions mises en œuvre pour trouver un candidat correspondant aux besoins et compétences requises pour exercer un poste de travail donné, dans une organisation donnée.

Reformulation :

On nous demande d'estimer, de vérifier la légalité de l'offre d'emploi et des techniques utilisées lors du recrutement. Il faut donc vérifier dans quelles mesures les actions de recrutement sont ou non légales.

ÉTAPE 2 RELIER LES CONNAISSANCES OU INFORMATIONS CONTENUES DANS LES DOCUMENTS AUX QUESTIONS POSÉES

Réaliser un tableau

Question posée	Argument tiré des connaissances (ou notions quand elles ne sont pas encore mémorisées)	Argument tiré des documents (n° du document + extrait)
Validité de la procédure de recrutement : Annonce	La liberté du commerce et de l'industrie entraîne la liberté d'entreprendre, d'où la liberté d'embauche : l'employeur a le droit de choisir la personne avec qui il va travailler. Toutefois, toute discrimination liée à l'âge, au sexe, etc. est interdite. L'embauche doit donc être basée sur des critères objectifs liés à l'emploi.	Article L. 1132-1 du Code du travail : « Aucune personne ne peut être écartée d'une procédure de recrutement ou de l'accès à un stage ou à une période de formation en entreprise [...] en raison de son origine, de son sexe [...]. »
Techniques	Toutes les techniques peuvent être acceptées à partir du moment où elles respectent les principes liés aux libertés individuelles.	Article L. 1221-6 du Code du travail : « Les informations demandées, sous quelque forme que ce soit, au candidat à un emploi ne peuvent avoir comme finalité que d'apprécier sa capacité à occuper l'emploi proposé ou ses aptitudes professionnelles. Ces informations doivent présenter un lien direct et nécessaire avec l'emploi proposé ou avec l'évaluation des aptitudes professionnelles. »

Utiliser un code couleur

Ne travaillant que sur une seule question, nous n'utiliserons qu'une seule couleur.

ANNEXE 1 L'offre d'emploi (presse spécialisée et Internet)

Je souhaite recruter un commercial paysagiste capable de concevoir et de réaliser tout travail d'aménagement paysager sur des sites très divers. Il sera également responsable d'un secteur de 30 km autour de Mont-de-Marsan. Il devra :
– être jeune (entre 25 et 35 ans), de sexe masculin de préférence (ou de sexe féminin, mais sans obligation familiale) ;
– être titulaire d'un BTSA (aménagements paysagers) au minimum ;
– posséder une expérience de 3 ans minimum dans les fonctions demandées ;
– avoir des connaissances particulières dans les bassins écologiques.

Il présentera les qualités suivantes :
– être créatif ;
– avoir le sens de l'organisation ;
– être très autonome (télétravail proposé sur 4 jours par semaine) ;
– avoir des qualités relationnelles et commerciales ;
– être capable de diriger une équipe sur le terrain ;
– être résistant physiquement.

Contrat proposé : CDI à temps complet dont 4 jours en télétravail, 2 000 € bruts.

ANNEXE 2 Méthodes et techniques utilisées au cours du recrutement

Le candidat devra :
– remplir un questionnaire (détails de sa formation, de ses expériences, projets menés, raisons du choix de l'entreprise RÊVES DE JARDIN, projet de carrière) ;
– répondre à des questions orales sur sa vie privée, sa santé et ses projets personnels
réaliser des tests professionnels (simulations, questions techniques, de management)
se soumettre à un examen graphologique.

ANNEXE 3 Code du travail

Article L.1132-1

Aucune personne ne peut être écartée d'une procédure de recrutement ou de l'accès à un stage ou à une période de formation en entreprise [...] en raison de son origine, de son sexe, de ses mœurs, de son orientation sexuelle, de son âge, de sa situation de famille ou de sa grossesse, de ses caractéristiques génétiques, de son appartenance ou de sa non–appartenance, vraie ou supposée, à une ethnie, une nation ou une race, de ses opinions politiques, de ses activités syndicales ou mutualistes, de ses convictions religieuses, de son apparence physique [...].

Article L.1221-6

Les informations demandées, sous quelque forme que ce soit, au candidat à un emploi ne peuvent avoir comme finalité que d'apprécier sa capacité à occuper l'emploi proposé ou ses aptitudes professionnelles.

Ces informations doivent présenter un lien direct et nécessaire avec l'emploi proposé ou avec l'évaluation des aptitudes professionnelles.

Le candidat est tenu de répondre de bonne foi à ces demandes d'informations.

ÉTAPE 3 CONSTRUIRE LA RÉPONSE

Les actions de recrutement sont-elles légales ?

Concernant l'annonce

En vertu du principe de la liberté d'entreprendre, tout employeur peut se prévaloir du principe qui en découle : la liberté d'embauche, c'est-à-dire la liberté de choisir ses collaborateurs. Toutefois, une restriction à cette liberté est apportée par le Code du travail. En effet, en vertu de l'article L. 1132-1 du Code du travail : « Aucune personne ne peut être écartée d'une procédure de recrutement [...] en raison de son origine, de son sexe [...]. » Cet article condamne donc toute discrimination à l'embauche.

Ce principe n'est pas évoqué dans les documents, il s'agit donc d'une mobilisation de vos connaissances.

Information trouvée dans l'annexe 2.

L'offre d'emploi telle qu'elle est rédigée n'est donc pas conforme à la législation. En effet, dans cette annonce, il est fait référence à l'âge, au sexe, à l'absence de charge familiale et à la santé physique : « être jeune (entre 25 et 35 ans), de sexe masculin de préférence (ou de sexe féminin, mais sans obligation familiale) » ; « être résistant physiquement ». Ces critères sont donc discriminatoires au regard du poste.

Pour apporter cette conclusion, vous avez analysé l'annonce, puis avez proposé des arguments basés sur des références juridiques.

Pour que cette annonce soit légale, il faudra conserver les critères de choix liés au diplôme, aux qualités nécessaires pour occuper l'emploi, indiquer clairement que ce poste est ouvert aux hommes et aux femmes, supprimer la mention liée aux obligations familiales et la mention en référence au physique.

Concernant les techniques utilisées lors du recrutement

En vertu de l'article L. 1221-6 du Code du travail, « Les informations demandées, sous quelque forme que ce soit, au candidat à un emploi ne peuvent avoir comme finalité que d'apprécier sa capacité à occuper l'emploi proposé ou ses aptitudes professionnelles. Ces informations doivent présenter un lien direct et nécessaire avec l'emploi proposé ou avec l'évaluation des aptitudes professionnelles. Le candidat est tenu de répondre de bonne foi à ces demandes d'informations. »

Information trouvée dans l'annexe 2.

Les techniques prévues par M. Laborde ne sont pas toutes légales.

Pour apporter cette réponse, vous avez analysé les techniques proposées par M. Laborde, puis avez proposé des arguments basés sur des références juridiques.

Le questionnaire et les tests professionnels sont à conserver, car les informations demandées sont en lien avec le poste et évaluent les aptitudes professionnelles.

L'entretien n'est pas illégal en tant que tel. Toutefois, lors de l'entretien, le recruteur ne devra faire aucune allusion à la vie privée, la santé, etc., car ces informations n'ont pas de lien direct avec l'emploi proposé et ne permettent pas d'évaluer les compétences professionnelles du candidat.

Fiche Méthode 3

Réaliser une qualification juridique

La qualification juridique est la **reformulation d'une situation en problématique juridique**.

Vous devez donc utiliser les termes juridiques pour qualifier des situations pratiques. Votre expression doit être précise. Ainsi, vous transformerez des faits bruts en faits qualifiés juridiquement, ce qui vous permettra d'associer à ces faits des règles juridiques précises.

Concrètement, vous devez procéder en deux temps.

Temps 1 : supprimer les informations inopérantes

Vous devez sélectionner les informations essentielles qui vont permettre de comprendre le problème qui se pose. Il faut donc supprimer toutes les informations qui relèvent de l'anecdote.

Temps 2 : qualifier juridiquement les informations utiles pour le cas

À partir des faits bruts sélectionnés, il faut réaliser la qualification juridique, c'est-à-dire **traduire la situation en termes juridiques**. Cette qualification juridique permet de rattacher le problème à un cadre juridique et ainsi de déterminer la règle applicable.

Exemple

Faits bruts	Faits bruts sélectionnés	Faits qualifiés juridiquement
M. X travaille depuis le 3 août 1993 en tant qu'employé de commerce dans la société C.	M. X travaille depuis le 3 août 1993 en tant qu'employé de commerce dans la société C.	M. X est **salarié** depuis le 3 août 1993 dans la société C. Le 1er juin 2013, il est **licencié pour faute grave.** En effet, l'employeur considère que la vidéo prise par les caméras de surveillance installées, après consultation du CHSCT, depuis 1999, et montrant M. X dérober des produits constitue **une preuve** justifiant le licenciement.
Dans le cadre de son travail, il doit procéder au réassortiment des produits du rayon Épicerie. Le 10 mai 2013, il est convoqué par le responsable de la sécurité.	*Paragraphe supprimé, car inutile.*	
Ce dernier lui montre une vidéo où on le voit dissimuler un paquet de DVD vierges dans une palette de pâtes.	Ce dernier lui montre une vidéo où on le voit dissimuler un paquet de DVD vierges. *Une partie du texte est supprimée, car inutile.*	
Le responsable lui explique que ce réseau de surveillance est utilisé, après consultation du CHSCT, depuis 1999 pour détecter les vols commis par les clients.	Le responsable lui explique que ce réseau de surveillance est utilisé, après consultation du CHSCT, depuis 1999. *Une partie du texte est supprimée, car inutile.*	
Le 1er juin, le responsable des Ressources humaines lui annonce qu'il est licencié suite au vol commis.	Le 1er juin, le responsable des Ressources humaines lui annonce qu'il est licencié pour avoir volé.	

Lire ou rédiger un contrat

Le contrat, c'est la loi entre les parties. Le législateur confère à cette loi, dérogatoire à la loi générale, une force obligatoire entre les parties et seulement entre elles. Faites bien la différence entre les conditions générales identiques pour tous les clients et les conditions particulières spécifiques à chaque contractant.

Pour analyser ou rédiger un contrat, on peut se servir de contrats existants (le contrat de travail de vos parents) ou de modèles de contrat vierges qu'on trouve dans le commerce (contrat de bail), dans les ouvrages juridiques ou sur Internet.

Les professionnels, préalablement à tout contrat avec un consommateur, doivent tenir des exemplaires de leurs conditions générales à disposition et sur simple demande de leur client potentiel.

POUR ANALYSER UN CONTRAT

Vous pouvez vous constituer une grille d'analyse en incorporant les points suivants :

Nom du contrat – identification des parties en présence – obligations de chaque partie – date d'effet – durée – conditions de résiliation ou de résolution – sanctions en cas d'inexécution.

Vous pouvez ensuite rechercher les différents caractères du contrat :
- consensuel, solennel, réel ;
- de gré à gré, d'adhésion ;
- unilatéral, synallagmatique ;
- à titre gratuit, à titre onéreux ;
- instantané, successif...

Exemple

Contrat de location de bateau de plaisance

Entre Monsieur Achab ci-après désigné « le loueur »
Et Monsieur Melville Pierre, ci-après désigné « le locataire »,
il est convenu la location du bateau « NANA », de type Pointu Ponté, année de fabrication 1972,
Du 3 mai 2013 à 14 heures jusqu'au 9 mai 2013 à 18 heures,
Pour un prix de 450 euros payable selon les conditions de l'article 3 du présent contrat.

Article 1 : Le locataire affirme qu'il possède les permis exigés par les affaires maritimes. À défaut, le loueur se réserve le droit à tout moment de refuser la mise à disposition du bateau.
Article 2 : L'acompte, soit 30 % du prix de la location, est payable à la signature du contrat. Le locataire s'engage à effectuer un deuxième versement de 30 %, deux mois avant l'embarquement. Le solde est payable au plus tard 10 jours avant la prise de jouissance.
En cas d'annulation du contrat de la part du locataire :
- plus de deux mois avant le départ, le loueur conservera 100 euros à titre de dédommagement ;
- moins de deux mois et plus de dix jours avant le départ, il sera retenu 50 % du montant de la location ;
- moins de dix jours avant le départ, il sera retenu 80 % du montant de la location.

En tout état de cause, si le loueur parvient à louer le bateau pendant la période prévue, la totalité des acomptes sera restituée, déduction faite d'une somme de 100 euros à titre de dédommagement.
Article 3 : Une caution de 2 000 euros est déposée à l'embarquement. Elle constitue une garantie destinée à couvrir la franchise d'assurance, les dégradations anormales du matériel, le délaissement du bateau dans un autre port. Elle sera restituée au plus tard dans la semaine suivant le retour de la croisière, si le bateau et le matériel n'ont subi aucun dommage.
Article 4 : Le propriétaire a souscrit une police d'assurance couvrant les risques de navigation, sous réserve d'une franchise dont le montant est de 2 000 euros, les dégâts que pourrait commettre le locataire sur le corps du navire. Le loueur conseille au locataire de souscrire une assurance responsabilité civile pour lui et ses équipiers, ainsi que pour les objets personnels.
Article 5 : La libre disposition du bateau sera accordée au locataire lorsqu'il aura reconnu par écrit que le bateau est en bon état de fonctionnement, qu'il aura pointé et signé l'inventaire. Il devra déposer chez le loueur une photocopie de ses papiers d'identité, de son permis de navigation et la liste des membres d'équipage. Le locataire dispose de 24 heures pour procéder aux essais et contrôles approfondis et faire part au loueur de ses réclamations éventuelles. Passé ce délai, il sera réputé entièrement d'accord sur la conformité du bateau en sa possession et sera responsable de toutes les dégradations.

Exemple (suite)

Article 6 : Tous les combustibles sont à la charge du locataire (essence, fuel, gaz). Le locataire prend garde aux contrôles habituels du moteur (niveau d'huile, eau de refroidissement, eau des batteries).
Article 7 : Le locataire est tenu de rentrer au port d'embarquement dans les délais prévus au contrat. Dès son retour, le locataire est tenu de signaler sa présence afin de procéder à l'inventaire et à l'inspection du bateau, celui-ci étant au préalable vidé de tous ses occupants, bagages, remis en bon état de fonctionnement, en parfait ordre et de propreté (intérieur et extérieur), les pleins de gasoil et eau faits, une bouteille de gaz neuve. À défaut, les frais de nettoyage et de réparations seront à la charge du locataire et seront déduits de la caution.
Chaque heure de retard donnera droit au loueur à une indemnité de 50 euros par heure pour les six premières heures et de 200 euros par jour au-delà de 6 heures.
Article 8 : La sous-location et le prêt du bateau sont rigoureusement interdits.

Il s'agit d'un contrat nommé, consensuel, de gré à gré, synallagmatique, à titre onéreux, instantané (il n'y a pas de renouvellement envisagé).

POUR RÉDIGER UN CONTRAT

Vous devez identifier la volonté des parties et rechercher comment un écrit peut leur apporter une sécurité juridique.

Vous pouvez respecter la démarche suivante.

1. Un questionnement préalable du type QQQOCP (qui, quoi, quand, où, comment, pourquoi). Quelle est l'opération envisagée ? À quel prix ? Dans quels délais ? Où ? Selon quelles modalités pratiques ? Etc.
2. Le contrat envisagé est-il possible au regard de la loi ? Vérifiez la capacité des parties, la licéité de la cause et de l'objet, le consentement réel des parties.
3. Le contrat envisagé est-il un contrat nommé (vente, location, prêt…) ? Vous devez vous reporter alors aux mentions obligatoires définies dans le Code civil.
4. Le contrat n'est pas défini par le Code civil, vous devez alors recenser les clauses importantes qui permettront à chaque partie de connaître ses obligations et leurs conditions de réalisation.

Les clauses sont rédigées avec des phrases courtes, au présent de l'indicatif. Le contrat est établi en autant d'exemplaires que de parties. Il est signé par chacune des parties.

Lire une décision de justice

Fiche Méthode 5

Au cours de votre formation, et pour l'examen, vous serez confronté à la lecture de décisions de justice. Celles-ci peuvent émaner de juridictions du fond (tribunaux d'instance, de grande instance, ou encore cour d'appel qui ont la compétence pour trancher les litiges en tenant compte des faits et des prétentions des parties) ou de la Cour de cassation (juridiction qui vérifie que le droit a été correctement appliqué). L'objectif de cette fiche Méthode est de vous aider à sélectionner les informations utiles dans une décision de justice pour les utiliser dans une argumentation.

Toute décision de justice oppose deux parties qui soumettent un différend à un juge.

Devant les juridictions du fond, chaque partie invoque **des moyens de fait et des moyens de droit** pour soutenir ses prétentions (ce qu'elle demande au juge).

Devant la Cour de cassation, le demandeur conteste la décision des juges du fond sur le plan de la conformité au droit. Ainsi, seuls les moyens de droit feront l'objet d'un débat. La Cour de cassation n'est pas un troisième degré de juridiction.

STRUCTURE D'UNE DÉCISION

Juridiction – Date – Nom des parties (en distinguant le demandeur et le défendeur)

L'identification de la juridiction est une information essentielle. S'il s'agit d'une décision d'un tribunal d'instance, la portée de la décision n'est pas la même que si la décision provient de l'assemblée plénière de la Cour de cassation.

La date vous renseigne sur l'actualité de la décision. Attention : certaines décisions anciennes ont posé des principes fondamentaux qui restent encore en vigueur aujourd'hui (par exemple l'arrêt Mercier de 1936 qui pose le caractère contractuel de la responsabilité médicale et limite l'obligation du médecin à une obligation de moyen).

Les faits

Vous devez vous attacher à identifier les qualifications juridiques utiles (voir la fiche Méthode 2). Il faut retenir les termes de victime, demandeur, prétention, faute, accident, recours… et se débarrasser de toute mention purement anecdotique.

La procédure antérieure

Dans certains cas, il est possible de retracer l'ensemble de la procédure suivie (première instance, appel, cassation, renvoi en cour d'appel…). À chaque stade de la procédure, vous pouvez repérer les moyens invoqués par les parties et le sens de la décision.

Dans les arrêts de la Cour de cassation, il est important de repérer si la décision de la cour d'appel confirme ou infirme le jugement de première instance.

Dans d'autres décisions, la procédure antérieure n'apparaît, hélas, qu'en filigrane.

Les thèses en présence (ou arguments des parties)

Il faut distinguer les deux positions qui s'affrontent.

Pour les décisions au fond (jugement de première instance ou arrêt de cour d'appel), le demandeur à l'action s'oppose au défendeur à l'action. Les faits autant que les moyens de droit peuvent être contestés.

Pour les arrêts de la Cour de cassation, le demandeur au pourvoi (qui n'est pas forcément le demandeur initial à l'action) s'oppose à la décision des juges du fond (généralement la cour d'appel). C'est ici qu'il faut être vigilant : les contresens sont possibles. La lecture doit être très attentive à la construction des phrases.

Le problème juridique

La confrontation des deux parties devant le juge peut se synthétiser en une question unique : le problème juridique. Le problème juridique, généralement interrogatif, doit être identifié en des termes généraux faisant abstraction des éléments factuels de l'affaire.

La solution retenue

Vous devez impérativement repérer le sens de la décision (le dispositif) et en rechercher l'explication à partir de la décision qui vous est soumise, de vos connaissances et/ou de la documentation qui vous est fournie.

Exemple

Il s'agit d'une décision récente relative à un conflit du travail

LA COUR DE CASSATION, CHAMBRE SOCIALE **jeudi 15 décembre 2011**

Un salarié conteste son licenciement pour faute grave motivé par la consommation d'alcool sur le lieu de travail.

Attendu, selon l'arrêt attaqué (Metz, 14 juin 2010), qu'engagé le 16 décembre 1996 en qualité d'aciériste par la société Akers France, M. Y **a été licencié** pour faute grave **pour avoir consommé de l'alcool** sur le lieu de travail ;

La cour d'appel retient que le licenciement est abusif, car dépourvu de cause réelle et sérieuse.

Attendu que l'employeur fait grief à l'arrêt de le condamner au paiement des indemnités légales et conventionnelles de rupture et de dommages-intérêts pour licenciement sans cause réelle et sérieuse, alors, selon le moyen :

Le demandeur au pourvoi (la société Akers) estime que la cour d'appel a dénaturé le règlement intérieur qui interdit l'introduction d'alcool et l'état d'ivresse, car elle n'a pas conclu que de fait toute consommation d'alcool sur le lieu de travail était prohibée.

1°/ que le règlement intérieur de l'entreprise prohibe expressément l'introduction d'alcool sur le site, ainsi que le fait d'y pénétrer ou séjourner en état d'ivresse ;
que dénature les termes clairs et précis de ce règlement et viole les articles 1134 du Code civil et L. 1321-1 du Code du travail la cour d'appel qui considère que ce règlement intérieur de la société Akers ne prohiberait pas formellement toute consommation d'alcool sur le lieu de travail ;

Argument supplémentaire du demandeur au pourvoi : la cour d'appel a violé les textes qui imposent à l'employeur une obligation de sécurité de résultat en ne lui permettant pas d'utiliser son pouvoir disciplinaire contre le salarié coupable d'avoir consommé de l'alcool.

2°/ qu'indépendamment même des stipulations du règlement intérieur, en vertu du contrat de travail, l'employeur est tenu envers le salarié d'une obligation de sécurité de résultat ; qu'en application de ce principe général, la société Akers était en droit de faire usage de son pouvoir disciplinaire à l'encontre d'un salarié dont il était avéré que celui-ci avait consommé de l'alcool sur le lieu de travail, peu important que son état d'ivresse manifeste, en dépit des nombreuses présomptions en ce sens, n'ait pas été formellement établi ; qu'ayant ainsi constaté que M. Y, salarié travaillant sur un site industriel potentiellement dangereux, avait participé à un événement festif non autorisé dans l'enceinte de l'entreprise au cours duquel il avait consommé de l'alcool, viole les articles L. 1221-1, L. 1234-1, L. 1234-5, L. 4121-1 et L. 4122-1 du Code du travail, la cour d'appel qui décide qu'un tel comportement ne présenterait pas un caractère fautif ;

La Cour de cassation confirme la décision des juges du fond qui ont pu décider que le salarié n'avait pas commis de faute grave parce qu'il n'avait pas introduit d'alcool dans l'entreprise et n'était pas en état d'ivresse.

Mais attendu qu'ayant relevé, hors toute dénaturation, que le salarié avait à la fin de sa journée de travail, participé à un « pot » organisé dans l'entreprise sans autorisation de l'employeur et avait consommé modérément des boissons alcoolisées, son état d'ébriété n'étant pas démontré, la cour d'appel a pu décider que le fait reproché à ce salarié qui, en dix années au service de l'employeur, n'avait fait l'objet d'aucune sanction, ne constituait pas une faute grave ; qu'exerçant les pouvoirs qu'elle tient de l'article L. 1235-1 du Code du travail, elle a décidé que le licenciement était dépourvu de cause réelle et sérieuse ; que le moyen n'est pas fondé ;
PAR CES MOTIFS :
REJETTE le pourvoi ;
Condamne la société Akers France aux dépens ;

Résoudre un cas pratique

Fiche Méthode 6

Dans le cas général, il vous sera demandé d'apporter tout ou partie de la solution posée par une situation juridique.
L'essentiel sera pour vous de bien analyser les faits, notamment à partir d'une qualification juridique pertinente. Cela vous permettra ensuite de déterminer les bonnes règles applicables aux faits de l'espèce (cas particuliers). Vous serez le plus souvent guidé par les ressources à votre disposition.
La résolution du cas pratique se fait donc en trois ou quatre étapes :
- la qualification juridique des faits (*fiche Méthode 3*) ;
- la détermination du problème de droit (pas forcément demandé) ;
- la détermination de la ou des règles juridiques applicables ;
- la solution apportée au cas.

Cette forme de réponse utilise un raisonnement syllogistique.

Exemple

« Socrate est un homme » = les faits (ou mineure)

« Tous les hommes sont mortels » = la règle applicable (ou majeure)

« Donc Socrate est mortel » = conclusion

Exemple

Tiré d'un sujet d'examen (extraits du sujet de droit BTS polynésien 2013)

La SARL *La Petite Grenouille*, gérée par madame Vernon, vend des vêtements pour enfants. Son siège social est à Strasbourg et son effectif est de vingt salariés. La SARL exploite plusieurs magasins dans l'est de la France et depuis peu un sur Tours, dans la région Centre. […]

Le magasin de Tours est particulièrement dynamique et il accroît ses ventes au point qu'il est nécessaire de recruter un nouveau salarié. Madame Vernon souhaite recruter en interne, car le magasin de Metz connaît une baisse de son chiffre d'affaires. Elle informe monsieur Plessis, salarié dans le magasin de Metz, dont le contrat de travail contient une clause de mobilité, de sa mutation prochaine à Tours. Il devra prendre ses nouvelles fonctions dans six mois.

Monsieur Plessis, installé depuis dix ans avec sa famille à Metz, est fort mécontent de cette décision. À la relecture de son contrat de travail, il doute de la validité de la clause de mobilité et il pense qu'il a le droit de refuser sa mutation à Tours.

Vérifiez la validité de la clause de mobilité.

Annexe 1 - Extrait du contrat de travail de monsieur Plessis

Article 11. Mobilité

En raison de l'évolution de l'organisation de l'entreprise, afin de garantir son bon fonctionnement, la société se réserve la possibilité de modifier tant l'établissement que le bureau de rattachement de monsieur Plessis, qui pourra être muté dans tout magasin situé en Alsace-Lorraine.
Monsieur Plessis disposera d'un délai de six mois pour rejoindre sa nouvelle affectation.
Le refus de monsieur Plessis de rejoindre son nouveau poste s'analyserait en une inexécution de ses obligations contractuelles pouvant légitimer son licenciement pour faute.

Annexe 2 - La clause de mobilité

Vu les articles L. 122-6, L. 122-8, L. 122-9 du Code du travail et 1134 du Code civil ;
Attendu que Mme X a été engagée en mars 1996 par la société Groupama en qualité de chargée de clientèle polyvalente, son contrat de travail prévoyant qu'elle exercerait son activité à l'agence de Folelli (Corse) et serait rattachée à l'établissement d'Ajaccio, mais que « les évolutions dans l'organisation de l'entreprise pourront amener cette dernière à modifier tant l'établissement que le bureau de rattachement » ; que la salariée a bénéficié d'un congé sabbatique du 1er janvier 2001 au 31 mai 2002 ; qu'ayant refusé à l'issue de ce congé d'être mutée à l'agence de Corte (Corse), elle a été licenciée pour faute grave le 6 août 2002, motif pris de son « refus de mobilité géographique prévue par le contrat de travail » ; que la salariée a saisi la juridiction prud'homale ;

Exemple (suite)

Attendu que, pour juger que le licenciement de la salariée reposait sur une faute grave et débouter celle-ci de ses demandes en paiement d'indemnités, l'arrêt retient que l'emploi précédemment occupé par la salariée n'était plus disponible à l'issue de son congé sabbatique, qu'il lui a été proposé, de manière régulière, un emploi similaire conformément à la clause de mobilité stipulée au contrat de travail et que le refus de l'intéressée est injustifié ;
Attendu, cependant, qu'une clause de mobilité doit définir de façon précise sa zone géographique d'application ;
Qu'en statuant comme elle l'a fait, la cour d'appel a violé les textes susvisés ;
PAR CES MOTIFS, CASSE ET ANNULE, [...] et renvoie

Cour de cassation, Chambre sociale, 2 juillet 2006

ÉTAPE 1 LA QUALIFICATION JURIDIQUE DES FAITS (VOIR FICHE MÉTHODE 2)

Madame Vernon a pris la décision de muter son salarié, monsieur Plessis, de Metz à Tours en se fondant sur la clause de mobilité insérée dans son contrat de travail. En effet, le magasin de Tours a besoin d'un nouvel employé et celui de Metz connaît une baisse de son chiffre d'affaires.
La clause prévoit la modification du lieu de travail de monsieur Plessis à l'initiative de l'employeur en raison de l'évolution de l'organisation de l'entreprise et avec un délai de prévenance de 6 mois.
Monsieur Plessis doute de la validité de cette clause.

ÉTAPE 2 LE PROBLÈME DE DROIT

Il s'agit d'identifier la ou les questions juridiques à résoudre. Il doit être formulé de manière générale.

Application

La clause de mobilité insérée dans le contrat de monsieur Plessis est-elle valable ?

ÉTAPE 3 LA RÈGLE DE DROIT

Il s'agit de repérer, à l'aide de vos connaissances et des annexes, les règles juridiques qui appuient votre raisonnement. Il faut donc trouver des arguments, des preuves (articles de loi, extraits d'une décision de justice....) à ce que vous avancez.

Application

La clause de mobilité est une clause insérée dans le contrat de travail ou son avenant qui a pour objet de prévoir contractuellement l'éventualité d'une modification du lieu de travail du salarié. Ce dernier accepte donc par avance un éventuel déménagement de son lieu de travail. Selon la jurisprudence (annexe 2), pour être valable, « une clause de mobilité doit définir de façon précise sa zone géographique d'application ».
Elle doit en outre être justifiée par l'intérêt légitime de l'entreprise et compter un délai de prévenance.

ÉTAPE 4 LA SOLUTION

Il s'agit ici d'**appliquer les règles juridiques** à la situation juridique étudiée, et d'apporter une conclusion logique à votre argumentation.

Application

La clause inscrite dans le contrat de travail de monsieur Plessis est bien conforme aux conditions légales.
- Elle répond à l'intérêt légitime de l'entreprise : réorganisation, bon fonctionnement.
- Elle est bien assortie d'un délai de prévenance : « Monsieur Plessis disposera d'un délai de six mois pour rejoindre sa nouvelle affectation ».
- Elle précise l'étendue géographique de la zone de mobilité : « Monsieur Plessis qui pourra être muté dans tout magasin situé en Alsace-Lorraine ».

Par conséquent, cette clause est valable.

Rédiger une note structurée

La **note de synthèse** a pour objectif de rendre compte d'un ensemble de documents afin de permettre au lecteur de se faire rapidement un avis sans lire l'ensemble des documents qui ont permis de la réaliser.

Objectifs de la note structurée

Il s'agit de construire :

– un document concis, construit, destiné à informer efficacement et rapidement à partir d'informations disponibles dans les documents fournis ;

– un document neutre et objectif utilisant un vocabulaire adapté.

Les étapes d'élaboration d'une note structurée

1 L'ANALYSE DE LA CONSIGNE L'auteur du sujet attend un résultat précis qui vous est fourni dans la consigne (voir fiche 1). Il vous faut donc analyser les verbes d'action, ainsi que les mots clés. La plupart du temps, la consigne vous donne le plan à suivre.

2 LA LECTURE APPROFONDIE AVEC PRISE DE NOTES Une fois le plan déterminé, vous devez lire les documents et prendre des notes en tenant compte de votre plan. Il faudra classer chaque idée dans la partie adéquate.

3 LA CONSTRUCTION DE LA NOTE (Voir ci-dessous.)

Construction d'une note structurée

Une note de synthèse comprend trois parties :

– **une introduction** composée du rappel du contexte, des faits…, de la définition du terme (si nécessaire) et de l'annonce du plan ;

– **un développement** qui privilégiera un plan en deux ou trois parties selon ce qui est demandé dans la consigne ;

– **une conclusion** qui, si elle n'est pas exigée, permet de donner une structure « finie » à votre travail.

Rédiger une note structurée : en pratique

SITUTATION JURIDIQUE

Monsieur Deschamps, votre maître de stage souhaite embaucher un nouveau commercial. Il voudrait insérer une clause de mobilité dans le contrat de travail de ce nouveau salarié. Il se pose des questions sur la validité d'une clause de mobilité et les conséquences de son non-respect par le salarié.

Nous ne traiterons ici que la première partie de la question.

ANNEXE 1 Conditions de validité de la clause de mobilité

Pourquoi une clause de mobilité ?

La clause de mobilité est la stipulation d'un contrat de travail par laquelle un salarié accepte à l'avance que son lieu de travail puisse être modifié. Elle permet ainsi un changement d'affectation du salarié, sans que ce dernier puisse la refuser et se prévaloir d'une modification de son contrat. [...]

Comment rédiger la clause ?

La clause peut prévoir la mobilité du salarié à l'intérieur d'une région ou de plusieurs. Elle peut aussi la prévoir au niveau national, voir international si les fonctions de l'intéressé s'y prêtent. En tout état de cause, pour être valable, cette clause doit définir de façon précise sa zone géographique d'application (jurisprudence constante). La clause stipulant une obligation de mobilité dans toute société ayant un lien juridique avec l'employeur en tout lieu géographique en France ou celle prévoyant que l'exécution de la prestation de travail convenue pourrait se dérouler en fonction des nécessités de l'entreprise ailleurs qu'au lieu de l'affectation est formulée de manière trop générale et n'est donc pas valable. [...]

Comment l'appliquer ?

Si la clause de mobilité permet à l'employeur d'imposer une mutation au salarié, elle ne l'autorise pas à appliquer une telle mesure du jour au lendemain. La loi exige en effet une exécution loyale du contrat de travail. Cela implique l'obligation pour l'employeur d'informer son salarié suffisamment à l'avance de son changement d'affectation.
La clause ne peut pas être mise en œuvre dans un but ne correspondant pas à l'intérêt de l'entreprise. Par exemple, est abusive la mutation d'un salarié décidée pour écarter le salarié de l'établissement. [...]

www.travail-emploi.gouv.fr

ÉTAPE 1 ANALYSE DE LA CONSIGNE

La consigne met en évidence un plan en deux parties :

M. Deschamps, votre maître de stage souhaite embaucher un nouveau commercial. Il voudrait insérer une clause de mobilité dans le contrat de travail de ce nouveau salarié. Il se pose des questions sur la validité d'une clause de mobilité et les conséquences de son non-respect par le salarié.

ÉTAPE 2 EXPLOITATION DES DOCUMENTS

Les points qui concernent la validité de la clause de mobilité seront signalés en bleu et celles concernant les conséquences de son non-respect par le salarié en rose.

ÉTAPE 3 LA CONSTRUCTION DE LA NOTE

Introduction

Vous avez souhaité obtenir des informations sur la clause de mobilité, stipulation d'un contrat de travail par laquelle un salarié accepte à l'avance que son lieu de travail puisse être modifié. Dans un premier, je vous exposerai les conditions de validité de la clause de mobilité puis dans un second, je mettrai en évidence les conséquences de son non-respect par le salarié.

Développement

La validité d'une clause de mobilité est liée au respect de certaines conditions : elle doit être inscrite dans le contrat de travail, définir de façon précise sa zone géographique d'application, répondre à l'intérêt de l'entreprise et pour l'employeur d'informer son salarié suffisamment à l'avance de son changement d'affectation.
[Seconde partie à traiter]

Conclusion

Je reste à votre disposition pour toute information complémentaire.

Abus de droit
Exercice d'un droit dans l'intention de nuire à une ou plusieurs personnes. Ex. : un licenciement sans cause réelle et sérieuse. Dans ce cas, l'employeur cause un dommage dans l'intention de nuire à la victime. Dommage et intention de nuire sont les deux éléments qui caractérisent l'abus de droit.

Accord collectif
Document issu d'une négociation entre un employeur (ou un groupement d'employeurs) et une ou plusieurs organisations syndicales représentatives de salariés qui aborde un thème particulier concernant les conditions d'emploi et de travail des salariés.

Acte juridique
Manifestation de la volonté destinée à produire des effets juridiques voulus. Ex. : un contrat de vente est un acte juridique, car le vendeur s'engage à livrer une chose et l'acheteur s'engage à la payer.

Appel d'offres
Procédure de passation des marchés publics permettant à l'administration de recevoir des offres d'entreprises dont elle retiendra celle qui lui paraît la plus intéressante, non seulement au niveau du prix, mais aussi de la prestation proposée.

Apport
Élément constitutif du capital social d'une société sous forme de numéraire, de bien mobilier ou immobilier, d'activités. La valeur des apports détermine le montant des parts sociales et l'étendue de la responsabilité de chaque apporteur.

Association
Groupement de personnes morales ou physiques, doté de la personnalité juridique, réunies autour d'un objet social sans intention de partager des bénéfices.

Associé
Membre d'une société. Les associés s'appellent « actionnaires » dans les sociétés anonymes.

Astreinte
Condamnation d'un débiteur à payer chaque jour une somme déterminée jusqu'à ce qu'il exécute une obligation. Ex. : un salarié licencié abusivement doit être réintégré par décision de justice ; pour éviter que l'employeur diffère la réintégration, le tribunal peut assortir celle-ci d'une astreinte de cent euros par jour de retard.

Avenant
Modification apportée par les parties à un contrat conclu antérieurement.

Capacité
Pouvoir d'exercer des droits. La capacité juridique des personnes majeures est la règle. La capacité commerciale est le pouvoir d'exercer la fonction de commerçant. En particulier, il ne faut pas faire l'objet d'incompatibilité (fonctionnaire) ou de déchéance du droit de gérer (du fait d'une gestion frauduleuse antérieure).

Cause
Raison pour laquelle les parties ont conclu le contrat.

CDD
Contrat à durée déterminée, limité dans le temps (emploi saisonnier) ou à terme certain (remplacement d'un salarié absent).

CDI
Contrat à durée indéterminée conclu sans aucune limitation de durée.

CIF
Congé individuel de formation, dispositif de formation professionnelle continue.

Clause
Phrase ou ensemble de phrases contenues dans le texte d'un acte juridique (un contrat) où sont définis les droits et les obligations des parties.

Clause abusive
Clause imposée à un consommateur et qui procure un avantage excessif au contractant professionnel. Elle peut être réputée non écrite par le juge.

Clause de non-concurrence
Clause qui oblige le salarié à ne pas exercer une activité professionnelle susceptible de concurrencer son employeur. Elle doit comporter certaines limites de temps et d'espace.

Clause exorbitante de droit commun
Clause ayant pour objet de conférer aux parties des droits ou de mettre à leur charge des obligations non autorisées dans les contrats de droit privé parce qu'elle y serait illégale. Sa présence détermine le caractère administratif du contrat.

Comité d'entreprise
Organe mis en place dans les entreprises de 50 salariés et plus. Il est présidé par l'employeur ou son représentant, se compose de représentants élus du personnel et dispose d'attribution en matière économique sociale et culturelle.

Commissaire aux comptes
Expert-comptable ayant pour mission de vérifier et de certifier la sincérité des comptes d'une entreprise. L'expert-comptable dispose d'un droit d'alerte en cas de difficultés de l'entreprise.

Compte personnel de formation
Permet à toute personne en activité ou en recherche d'emploi de bénéficier d'heures de formation qui seront créditées sur ce compte pendant les périodes travaillées à raison de 24 heures par an jusqu'à 120 heures puis de 12 heures par an jusqu'à 150 heures.

Conciliation
Procédure préalable de résolution d'un conflit ou d'un litige devant les tribunaux. Les parties (employeur et salarié par exemple) comparaissent devant une commission de conciliation qui s'efforce de les faire parvenir à un accord. À défaut d'accord, les parties passent en jugement.

Lexique

Concurrence déloyale
Agissements fautifs de la part d'un concurrent consistant par exemple en des actes de dénigrement des produits ou de confusion entraînant un préjudice pour l'entreprise victime.

Conditions de validité d'un contrat
L'article 1108 du Code civil prévoit quatre conditions essentielles à la validité du contrat : le consentement « libre et éclairé » des parties ; la capacité des parties à contracter ; un objet certain et déterminé ; une cause licite.

Conseil de prud'hommes
Juridiction d'exception compétente pour concilier les parties et, si nécessaire, juger les conflits individuels du travail (tous les litiges individuels nés à l'occasion d'un contrat de travail de droit privé).

Consentement
Volonté de s'engager des parties. Le consentement doit être libre et éclairé. Il ne doit pas être vicié par un vice du consentement (erreur, dol ou violence).

Consommateur
Personne physique qui contracte à des fins non professionnelles.

Constitution
Norme juridique fondamentale décrivant le fonctionnement des institutions, présidence, gouvernement, parlement, collectivités territoriales.

Contrat
Accord de volonté entre deux ou plusieurs personnes qui s'engagent à donner, faire ou ne pas faire quelque chose. Celui qui doit exécuter une prestation est le débiteur. Celui au profit duquel elle est exécutée est le créancier. Ce sont les parties au contrat.

Contrat administratif
Contrat passé par une personne publique ou pour son compte et soumis au droit administratif soit par volonté de la loi, soit en raison de la présence d'une clause exorbitante de droit commun, soit parce que son objet porte sur l'exécution même d'un service public.

Contrat d'entreprise
Contrat par lequel une personne réalise un ouvrage rémunéré pour un tiers, en conservant son indépendance dans l'exécution de son travail.

Contrat de travail
Contrat par lequel un employeur s'engage à verser un salaire à un salarié qui s'engage à effectuer un travail sous l'autorité de l'employeur. Les trois éléments qui caractérisent ce contrat sont donc le travail, la rémunération et le lien de subordination entre le salarié et l'employeur.

Convention collective
Acte écrit conclu entre un employeur (ou un groupement d'employeurs) et une (ou plusieurs) organisation(s) syndicale(s) représentative(s) de salariés en vue d'améliorer l'ensemble des conditions d'emploi et de travail des salariés représentés.

Déchéance
Perte d'un droit qui peut être prononcée par le juge ou par un contractant en cas d'inobservation de certaines dispositions.

Délégué du personnel
Représentant élu du personnel dans une entreprise ou un établissement chargé de porter les revendications des salariés à la connaissance de l'employeur. Il participe au comité d'entreprise et au comité d'hygiène de sécurité et des conditions de travail (CHSCT).

Délégué syndical
Présente à l'employeur les revendications des adhérents de son syndicat. Participe à la négociation des accords collectifs d'entreprise.

Dénomination sociale
Appellation de la société ou de l'entreprise.

Déontologie
Ensemble des règles et des devoirs qui régissent une profession, la conduite de ceux qui l'exercent, les rapports entre ceux-ci et le public.

DIF
Droit individuel à la formation. Il est remplacé depuis 2015 par le compte personnel de formation (CPF).

Dol
Manœuvre frauduleuse destinée à tromper l'une des parties à un contrat en vue d'obtenir son consentement.

Droit communautaire
Ensemble des textes juridiques élaborés par les Institutions européennes et applicables dans les États de l'Union européenne. Le droit communautaire comprend des règlements (immédiatement applicables) et des directives (qui doivent, après un délai déterminé, être introduites dans le droit national de chaque État).

EIRL
Entrepreneur individuel à responsabilité limitée, statut qui permet aux entrepreneurs individuels de protéger une partie de leurs biens personnels.

Entente
Accord ou action collective concertée entre des entreprises ayant pour objectif de porter atteinte au libre jeu de la concurrence.

Équité
Référence à une idée de justice qui dépasse la règle de droit écrite. En principe, le juge ne doit pas statuer en équité, mais en droit.

Faute
En droit civil, attitude d'une personne qui, par imprudence, négligence ou malveillance ne respecte pas ses engagements ou cause un dommage à autrui. La faute est l'un des fondements de la responsabilité.

Fonctionnaire
Agent public qui a été titularisé dans un grade de la hiérarchie de la fonction publique d'État, ou territoriale ou hospitalière.

Franchise (contrat de)
Accord par lequel une entreprise, le franchiseur, accorde à une autre, le franchisé, en échange d'une compensation financière, le droit d'exploiter une franchise.

Institution
Au sens global, les institutions désignent les pouvoirs publics organisés par la Constitution. Au sens particulier, une institution désigne un organisme, une organisation, voire un ensemble de règles, quelle que soit leur forme juridique, dont l'objet est conforme à l'intérêt général.

***Intuitu personæ* (ou *intuitus*)**
Basé sur le choix de la personne. Dans un contrat *intuitu personæ*, les qualités du cocontractant sont prises en considération. Ex. : le contrat de travail est conclu *intuitu personæ*.

Mandat
Contrat par lequel le mandant demande au mandataire de le représenter pour la réalisation d'acte juridique. Le mandant donne une procuration.

Négociation collective
Ensemble des échanges, des discussions entre les représentants des organisations syndicales de salariés et les représentants des employeurs ayant pour objectif de conclure des conventions ou accords collectifs modifiant les conditions de travail des salariés dans des champs géographiques et professionnels variés.

Nullité du contrat
Sanctionne le non-respect des conditions de validité du contrat alors censé n'avoir jamais existé.

Obligation de résultat
Obligation en vertu de laquelle le débiteur est tenu d'obtenir un résultat précis. Ex. : le transporteur est tenu de conduire le voyageur sain et sauf à destination.

Patrimoine
Ensemble des droits et charges d'une personne, appréciables en argent.

Personnalité juridique
Aptitude à avoir des droits et des obligations. La personnalité juridique permet d'identifier la personne physique (tout être humain) et la personne morale (tout groupement de personnes cherchant à atteindre un objectif commun, avec des droits et des obligations distincts de ceux de ses membres).

Personnalité morale
Attribut des groupements de personnes ou des collectivités disposant de la personnalité juridique. Comme les personnes physiques, les personnes morales disposent d'un nom, d'un domicile, d'une nationalité.

Préjudice
Dommage matériel et corporel (patrimonial) ou moral (extrapatrimonial) subi par une personne par le fait d'un tiers. Il pourra être réparé s'il est personnel, certain et direct.

Résiliation
Fin du lien contractuel pour l'avenir. La résiliation concerne donc les contrats à exécution successive. Ex. : contrat de location.

Résolution
Annulation des effets obligatoires du contrat en raison, généralement, de l'inexécution de ses obligations par l'une des parties. La résolution concerne les contrats à exécution instantanée.

SA
Société anonyme, forme juridique des grandes entreprises nécessitant des capitaux importants. Le capital est divisé en actions. Les actionnaires sont responsables à concurrence de leurs apports.

Saisie
Procédure d'exécution qui permet au créancier de remettre les biens de son débiteur entre les mains de la justice en vue de les faire vendre et de se payer sur le prix.

Salarié
Personne physique liée à un employeur par un contrat de travail et par un lien de subordination.

SARL
Société à responsabilité limitée, forme juridique mixte dans laquelle la responsabilité financière est limitée aux apports, mais qui comprend un *intuitu personæ* fort : la cession des parts nécessite l'accord d'autres associés.

SAS
Société par actions simplifiée : le nombre d'associés est indifférent ; les associés sont des personnes physiques ou morales, y compris des associations ; la SAS peut être unipersonnelle ; l'organisation et les attributions des organes de direction sont fixées par les statuts.

Syndicat
Groupement de personnes, de type associatif, qui a pour objet la défense des intérêts professionnels et moraux de ses membres.

Travailleur indépendant
Personne qui exerce à son compte une activité économique, en supportant les risques de cette activité et en s'appropriant les profits éventuels qu'elle peut générer. On distingue les artisans, les commerçants et les professions libérales.

VAE
Validation des acquis de l'expérience, dispositif rattaché à la formation professionnelle, qui permet à toute personne, quels que soient son âge, son niveau d'études ou son statut, de faire valider les acquis de son expérience pour obtenir une certification professionnelle.

Crédits photographiques

Couverture : © Ian Hanning/ Rea ; **p. 8** : © Alessandro Della Bella/Keystone/ Maxppp ; **p. 16** : © Alex Gallardo/ Reuters ; **p. 18** : © Pierre Gleizes/ Rea ; **p. 26** : © Smereka – Fotolia.com ; **p. 27** : © Fréderic Maigrot/ Rea ; **p. 28** : © Istock ; **p. 30** : © Philippe Devanne – Fotolia.com ; **p. 33** : © Alain Le Bot/ Photononstop ; **p. 38** (h) : © Didier Rispal ; **p. 38** (b) : © Pierre Rousseau/ CIT'images ; **p. 40** : © Ludovic/ Rea ; **p. 48** : © DR ; **p. 50** : © Monkey Business – Fotolia.com ; **p. 57** : © Dominique Faget/ Afp ; **p. 58** : © Betermin/ Andia.fr ; **p. 60** : © Philippe Huguen/ Afp ; **p. 63** : © JM Ucciani ; **p. 68** : © Frederic Maigrot/ Rea ; **p. 69** : © Conseil National des Barreaux ; **p. 70** : © Ian Hanning/ Rea ; **p. 78** (h) : © Michel Gaillard/ Rea ; **p. 78** (b) : © Fed Finance ; **p. 79** (h) : © Ville de Cachan ; **p. 79** (b) : © Pascal Sittler/ Rea ; **p. 81** : © Philippe Huguen/ Afp ; **p. 86** : © Lydie Lecarpentier/ Rea ; **p. 88** : © Patrick Allard/Rea ; **p. 91** : © Faujour/ Iconovox ; **p. 96** : © Istock ; **p. 97** : © Hamilton/ Rea ; **p. 98** : © Photopqr/ La Voix du Nord/ Maxppp ; **p. 99** : © Sebastien Ortola/ Rea ; **p. 100** (h) : © Industrieblick – Fotolia.com ; **p. 100** (b) : © BanksPhotos/ E+/ Getty Images ; **p. 107** : © Blend Images/ hemis.fr ; **p. 108** : © Philippe Huguen/ Afp ; **p. 117** : © Matthias Kulka/ Corbis ; **p. 118** : © DR ; **p. 122** : © Kange_one – Fotolia.com ; **p. 131** : © Cultura/ hemis.fr ; **p. 134** : © Forestpath/ Shutterstock

Couverture : Les PAOistes
Maquette intérieure : Frédéric Jély
Mise en pages : Christine Bossard
Iconographie : Katia Davidoff/Booklage
Suivi éditorial : Fabienne Hélou

Achevé d'imprimer en mars 2016 par L.E.G.O. S.p.A. Italy
Dépôt légal : avril 2016 - N° d'éditeur : 2016_0533